トランプVS.ハリス

リカ大統領選の知られざる内幕

松本方哉

GS
幻冬舎新書
743

トランプVS.ハリス／目次

第三章　オルバン主義者に乗っ取られた共和党

第四章 トランプ暗殺未遂とハリス登場 127

第五章　勢いづくハリス、暴走するトランプ　167

第六章　2025年からの世界と日本　207

＊文中敬称略

＊本文写真で記載のないものはWikimedia Commonsより

DTP　美創

序章 アメリカ大統領の条件

トランプ大統領の就任式(2017年1月20日) ©ホワイトハウス

就任式での議会関係者用の席(2017年1月20日) ©ホワイトハウス

トランプ、バイデン、ハリス――7年前にも交差していた運命

冒頭に2枚の写真を掲げました。いずれも7年前の2017年1月20日、アメリカの首都ワシントンDC、ドナルド・トランプ大統領の就任式で撮影された写真です。

上の写真では、メラニア夫人や息子のバロン、たくさんの上院議員に囲まれたトランプが、左手を聖書に置き、右手を上げて、「忠実に大統領職を遂行する。神よ我を守りたまえ」と宣誓しています。右端には、当時、バラク・オバマ政権の副大統領だったジョー・バイデン大統領の姿が見えます。

バイデンは2016年の大統領選挙に出馬を考えていましたが、国務長官だったヒラリー・クリントンの方が勝ちそうだと考えた当時のオバマ大統領に「今回はヒラリーに譲ってほしい」と頼まれ、泣く泣く大統領候補への切符を譲りました。

しかし、「勝っている」「地滑り的勝利かも」と言われていたヒラリーは、最後の5日間で逆転され敗北します。

数メートルという距離でトランプが就任するのを見ながら、バイデンは何を考えていたのでしょうか。

そして下の写真です。彼らから離れた議会関係者用の席をカメラが捉えたとき、その左隅に、一人の黒人女性が写っていました。雪もちらつく寒い日でしたので、コートを羽織って椅子に座っています。就任式を見つめる目は、遠い彼方を見ているようです。彼女はカマラ・デヴィ・ハリス。サンフランシスコ市郡地方検事、カリフォルニア州司法長官を経て、上院議員に就任したばかりでした。

この約4年後にバイデンは、1期目が終わるトランプを大統領選挙で打ちまかし、2021年1月、大統領に就任し、ハリス議員を副大統領に選びました。

それから約4年後の今年2024年、バイデンは高齢への不安から民主党の大統領候補を辞退し、後任のハリス副大統領が大統領候補として、再選を狙う共和党のトランプ候補との一騎討ちに臨んでいるのです。

7年という年月が、3人の運命を再び交差させ、新たな火花が散っています。大統領の座、ホワイトハウスとは、一体どんな場所なのでしょうか。

政治・経済・外交・軍事の中心、アメリカ大統領執務室

写真をもう一枚ご紹介しましょう。場所はホワイトハウスのアメリカ大統領執務室です。

当時のロナルド・レーガン大統領と中曽根康弘首相が会談を行ったときの、業界で「頭撮り」と呼ばれる会談冒頭の写真撮影の時間に、筆者自身が執務室の中で撮った写真です。

いま見ると、レーガン大統領も中曽根首相も薄く化粧をしているのが分かります。カメラの前に立つということ、特にカラーで撮影されることにようやく頭が回るようになった時代でした。レーガン大統領も中曽根首相もダンディーだったので、会談に臨む溌《はつ》溂《らつ》とした気分を出すための化粧だったのでしょう。2人の笑顔と雰囲気に、親密度がよく表れていると思います。

執務室はOval Office（卵形の部屋）とも呼ばれるように、部屋が卵形をしています。もともと大きな部屋ではありますが、真四角の部屋よりかなり膨らんだ感じがして、実際のサイズよりさらに大きな部屋に見えます。

ホワイトハウスの執務室に一歩足を踏み入れると、ここが世界の政治・経済・外交・

レーガン大統領と中曽根首相の会談
（1987年4月30日大統領執務室にて　筆者撮影）

軍事の中心地、アメリカ政治や国際政治を司《つかさど》る宇宙の中心（Center of the Universe）だという緊張感に包まれます。

ここでアメリカ史に残る政治・外交分野の大物たちが、数々の国内政策や外交政策を取りまとめ、ときには戦争の開始を宣言したのだと思うと、自然と背筋が伸びる思いがしました。

部屋は、住人となる大統領の好みに合わせて、絵画や調度品が飾られます。

ジョー・バイデン大統領はアメリカの偉大な英雄たちに囲まれるようにして執務室の机についています。

暖炉の上の正面には大恐慌や第2次世界大戦という危機の時代にアメリカ国民を鼓舞したフランクリン・デラノ・ルーズベルトの肖像画、暖炉の左には奴隷制度を廃止したエイブラハム・リンカーンの肖像画、暖炉の右側のテーブルの上にはジョン・F・ケネディ大統領の弟で司法長官、上院議員を務めたロバート・F・ケネディの胸像が置かれています。バイデンはこの3人の考え方を自分の政治に活かしていると言われてきました。

その他にもベンジャミン・フランクリンを描いた肖像画が飾られており、科学に基づく国家事案の進捗が大切という、バイデンの考え方を強調しています。政治的なライバル同士であったアレクサンダー・ハミルトンとトーマス・ジェファーソンの肖像画が対になって飾られているのも、興味深い点です。2人の肖像画は、バイデンがさまざまな価値観からなる民主主義を重視していることを象徴しているといえるでしょう。

アメリカ大統領は、こうした一連のシンボルから日々インスピレーションを受けているのです。

一国の元首ともなれば、執務室そのものがその元首の個性を体現します。

バイデンの執務室には、キング牧師とローザ・パークスの銅像も飾られています。ラテン系労働者のリーダーだったセサール・チャベスの銅像などもあります。これらは、国民に対して、アメリカという国の多様な経験、国家権力の回復力、さらにはアメリカの将来の可能性と新しい価値観までをうたう、重要な役割を担っているのです。

カジノのようだったトランプ大統領の執務室

筆者は、アメリカ大統領選挙とは、この大統領執務室の椅子に座るにふさわしい人物を選ぶ選挙だと考えています。

そして、2024年11月の大統領選挙により、この執務室にドナルド・トランプ前大統領が再び戻ってくる可能性があります。

いまアメリカ国内は、民主党と共和党が対立しているだけではなく、共和党内も、トランプがコントロールする勢力と保守本流共和党議員とが対立しているという緊張状態にあります。

しかし、国際情勢は緊迫し、アメリカもその凄まじい影響を受けています。そんな中で、トランプが執務室の机に再度つくようなことだけはあってはならない、と筆者は考えています。それがアメリカと国際社会にとってどんなに危険なことなのかを解き明かしたい、それがこの本を書いた最大の理由です。

ちなみに第1期のトランプの執務室には、金色のカーテンがかかり、かなり派手な部屋になっていました。トランプの性格をよく表していましたが、どうにも落ち着かないという印象を受けました。

筆者はその映像を見ながら、言葉は悪いですが、「カジノにいるんじゃないんだから」と何度も考えました。机の位置は、歴代大統領のときと1ミリも変わっていないのですが、他者を近づけにくい雰囲気が漂っていました。

部屋には、アンドリュー・ジャクソン元大統領の肖像画や軍旗が飾られていました。複数の米メディアが報じたところでは、机の上には赤色の大きなボタンが設置されていたそうです。

ある記者が「それは核兵器のボタンですか」と尋ねると、トランプは「違う。そう思っている奴らもいるようだが」と答えてボタンを押し、そうすると、執事がICBM＝大陸間弾道弾ならぬダイエットコークをお盆に載せてすっ飛んできたとか。

40年余、12回見続けた大統領選挙

大統領執務室については、おもしろいエピソードがまだたくさんあるのですが、このぐらいにしておきましょう。

本書では、2024年のアメリカ大統領選挙で、なぜトランプ前大統領を大統領の地位に戻してはならないと筆者が考えるかを、トランプ政権1期目の彼自身の言動や、ホワイトハウスの内情を追跡することで明らかにしていきます。

その前に、筆者とアメリカ大統領選の関わりについて、記しておきたいと思います。

筆者が最初にアメリカ大統領選挙に仕事で関わったのは、もう44年も前の1980年です。現職のジミー・カーター大統領とカリフォルニア州知事のロナルド・レーガンが対決した選挙でした。

筆者は、その年フジテレビに入社し、報道局に配属されて報道マンの道を歩き始めたところでした。当時の松本寛《ゆたか》編集長（故人）(注1)に、報道特別番組『アメリカは燃えているか』のアシスタントディレクターとして関わるようにと命じられ、2時間の番組を制作するためのさまざまな雑事と英語の翻訳作業に従事しました。

衛星回線利用の費用が高くて、生中継はなかなか繋《つな》がらない時代でした。そのため、特番は短時間の生中継のほかは、ほぼ全編が収録されたアメリカ取材で構成されました。当時、フジテレビの看板キャスターだった山千さんこと山川千秋《ちあき》さん（故人）(注2)と、東京から派遣された2つのクルーが、全米を回って取材してくる膨大な量のＶＴＲが、どさどさと国際航空郵便で送られてきました。衛星回線は仮編集したものを送るぐらいならよかったのですが、素材をそのまま送るにはあまりにも贅沢《ぜいたく》だったので、航空便が使われたのです。

その頃まだ上智大学国際部の学生で、のちに阪神タイガースの岡田彰布《あきのぶ》監督の伴侶になられた大関陽子さんと一緒に、目を白黒させながら、次々と翻訳していきました。

その作業をしているうちに、筆者はこのアメリカあげての戦いの虜《とりこ》になりました。その後も外信畑を歩きながら、あるいは報道の別の仕事に従事しながら、あるいは個人的な関心を抱きながら、大統領選挙の世界に魅入られ、気がついたら40年余の月日が経ちました。

世界平和を左右する選挙

そうした筆者にとって12回目となる2024年の選挙は、これまでにない格段の重みを感じさせます。なぜなら、今回の選挙は、共和党が勝つか、あるいは民主党が勝つかというような単純なお祭り騒ぎではないからです（もちろん、過去の選挙も「お祭り」ではなかったわけですが）。

米ソ対立の「冷戦」をなんとか乗り越えた国際社会は、グローバリズムの時代を迎えました。地球の安定化のために世界規模で足並みを揃えた国際社会に変容するかと思いきや、いつの間にか、権威主義、もっと端的にいえば独裁主義の指導者が、国際社会に群雄割拠を始めました。

彼らはパワハラの権化のように、周囲の国の迷惑を顧みず、徹頭徹尾、我を押し通し続けています。このため、一時は期待された国際社会の新たな秩序づくりは完全に失敗して、いまや虫の息の状況です。

そこに登場したのが、ドナルド・トランプという、政治とも外交とも無関係のショーマンでした。彼は世界の独裁者たちに憧れ、彼らから寄せられる個人的なお世辞に気を良くし、彼らの思うがままに操られました。

アメリカが世界に冠たる覇権国家から転落しかかったときに、それを拾ったのがジョー・バイデンという政治家でした。

しかし、バイデン大統領が、知性や外交的判断力は別として、体力的には旬を過ぎた高齢者だったことは否めません。彼を補佐すべきジェイク・サリバン国家安全保障問題担当大統領補佐官とアントニー・ブリンケン国務長官に、必要とされる判断力や決断力がもうひとつ欠けていたため、結果的に、バイデン政権においては、あらゆる物事がヨタヨタとして進みませんでした。

そこにつけこむようにして、一度は負けたトランプが息を吹き返し、共和党のトップに君臨して再選を狙い、アメリカの政治や社会の常識を再びひっくり返そうとしている、というのが現在の状況です。

これはアメリカだけではない、国際社会の一大事です。

トランプが勝って再選されれば、何が起き得るか。それはこれからお読みいただく本論で分析していきますが、ひとつ予想できるのは、トランプが選ばれれば、国際社会のまだまともだった地域も、短期間のうちに火だるまになるであろうということです。国民に一切関心がない自己中心主義者が、この世界に何をもたらすのか。考えるだに恐ろしいです。

この先、トランプ政権が誕生したとき、冒頭の執務室がアメリカの、そして世界の大統領としてふさわしい使われ方をするか、筆者には不安しかありません。

なぜ、トランプが再びこの机についてはいけないのか。それをこれから、読者の皆さんと一緒に考えていきたいと思います。

第一章　トランプ再選で「悪の枢軸」台頭か

ロシア―中国―イラン―北朝鮮の「悪の枢軸」

２０２４年11月５日に行われるアメリカ大統領選挙は、筆者がジャーナリストとして見てきた、過去40年余の国際社会で行われたあまたの選挙の中で、最も重要な選挙といえるかもしれません。

本書刊行時点で、共和党のドナルド・トランプと民主党のカマラ・ハリスの２人の候補が、投票日に向かって最後のストレッチに入っています。その対決を、アメリカ国民だけでなく、国際社会が固唾《かたず》を呑んで見守っています。

この選挙は、ポスト冷戦期に七転八倒し続けてきた国際秩序（World Order）の今後を決める選挙となります。

アメリカと同盟国が心をひとつにして民主主義を旗印に掲げ、それを今後も維持するか。それとも、ロシア、中国、イラン、北朝鮮などが「悪の枢軸」を組み、アメリカを翻弄し、国連やＮＡＴＯ（北大西洋条約機構）を弱体化させ、権威主義と経済民族主義がはびこる世界を推し進めるか。

世界の国々が人類の幸福のために知恵を絞り、個人が自由に活躍できる世界となるか。それとも、恐怖政治下で人間が奴隷のように扱われ、脅しと暴力の非人間主義に無理やり組み込まれてしまうか。

世界は重大な岐路に立たされているのです。

大統領が最初に乗り越えなければならない一大事

筆者が首都のワシントンDCに住んでいた1980年代中頃の大統領は、カーター大統領から引き継いだレーガン大統領、レーガン大統領のあとを継いだジョージ・H・W・ブッシュ大統領（パパ・ブッシュ）でした。その後、現在まで、ビル・クリントン（2期）、息子のジョージ・W・ブッシュ（ブッシュJr.、2期）、バラク・オバマ（2期）、トランプ、そしてバイデンと、5人の大統領が誕生しています。

筆者は、40年余、7人の大統領を見てきて、どの大統領も、選出されると最初に乗り越えなければならない一大事があることに気づかされました。それは、首都ワシントンDCの正式な住人になるということです。

2004年

ジョージ・W・
ブッシュ（共和党）

ジョン・ケリー
（民主党）

2008年

バラク・オバマ
（民主党）

ジョン・マケイン
（共和党）

2012年

バラク・オバマ
（民主党）

ミット・ロムニー
（共和党）

2016年

ドナルド・トランプ
（共和党）

ヒラリー・クリントン
（民主党）

2020年

ジョー・バイデン
（民主党）

ドナルド・トランプ
（共和党）

2024年

カマラ・ハリス
（民主党）

ドナルド・トランプ
（共和党）

アメリカ大統領選挙（1980年以降） 当 当選

1980年

ロナルド・レーガン（共和党）

ジミー・カーター（民主党）

1984年

ロナルド・レーガン（共和党）

ウォルター・モンデール（民主党）

1988年

ジョージ・H・W・ブッシュ（共和党）

マイケル・デュカキス（民主党）

1992年

ビル・クリントン（民主党）

ジョージ・H・W・ブッシュ（共和党）

1996年

ビル・クリントン（民主党）

ボブ・ドール（共和党）

2000年

ジョージ・W・ブッシュ（共和党）

アル・ゴア（民主党）

「ワシントンDCはアメリカではない」「ワシントンDCに住んでいるだけではアメリカ人は分からない」と言われます。その特殊な空間の一員になることを、どの大統領も要求されることになるのです。

権力を競い合う街、ワシントンDC

首都ワシントンDCは、歴史的に由緒のある街並みで、いくつもの広い空間が点在し、それぞれが豊かな緑に覆われています。

他方、この街はパワー・ポリティクス、すなわち権力を競い合う街でもあります。

この街を構成するよそ者住人、つまり、他州からこの街に居を構えることになった政治家や官僚、内政・外交の専門家、記者、外交官、国際機関の職員、そして我々のような世界各国から派遣される海外特派員は、この鮮やかな緑に囲まれて、政治・外交・軍事問題の舞台の上で、みな一緒にダンスを踊ることになるのです。

ワシントンDCは、長い年月の間に、政治を行いやすい街につくり上げられてきました。政治家も官僚も外交官も政治問題の専門家も、記者も、みな、ワシントンDCの周辺のメリーランド州やバージニア州に住んでいます。自宅からワシントンDCの職場までは車で20〜30分程度と、職住接近が徹底されています。

ワシントンDCは観光都市の顔も持っていますが、同時に、国内・国際政治が繰り広げられる場所でもあるのです。

ワシントンDCを形づくる2つのライン

ワシントンDCの街の中心、ヘソとなる場所には、高さ169メートルのモニュメントが、地面からまっすぐに立っています。

正式には「ワシントン記念塔」と呼ばれるこの奇妙な塔は、1776年の独立戦争のときに、アメリカ陸軍を率いてイギリス軍との戦いを勝利へと導いたジョージ・ワシントン初代大統領の名誉ある功績を讃えて、建造されました。

ワシントンDCの街は、この日時計を思わせる塔を中心にして、東西方向のラインと南北方向のラインで街がつくられています。

東の端には立法府のアメリカ合衆国議会議事堂（United States Capitol）があります。

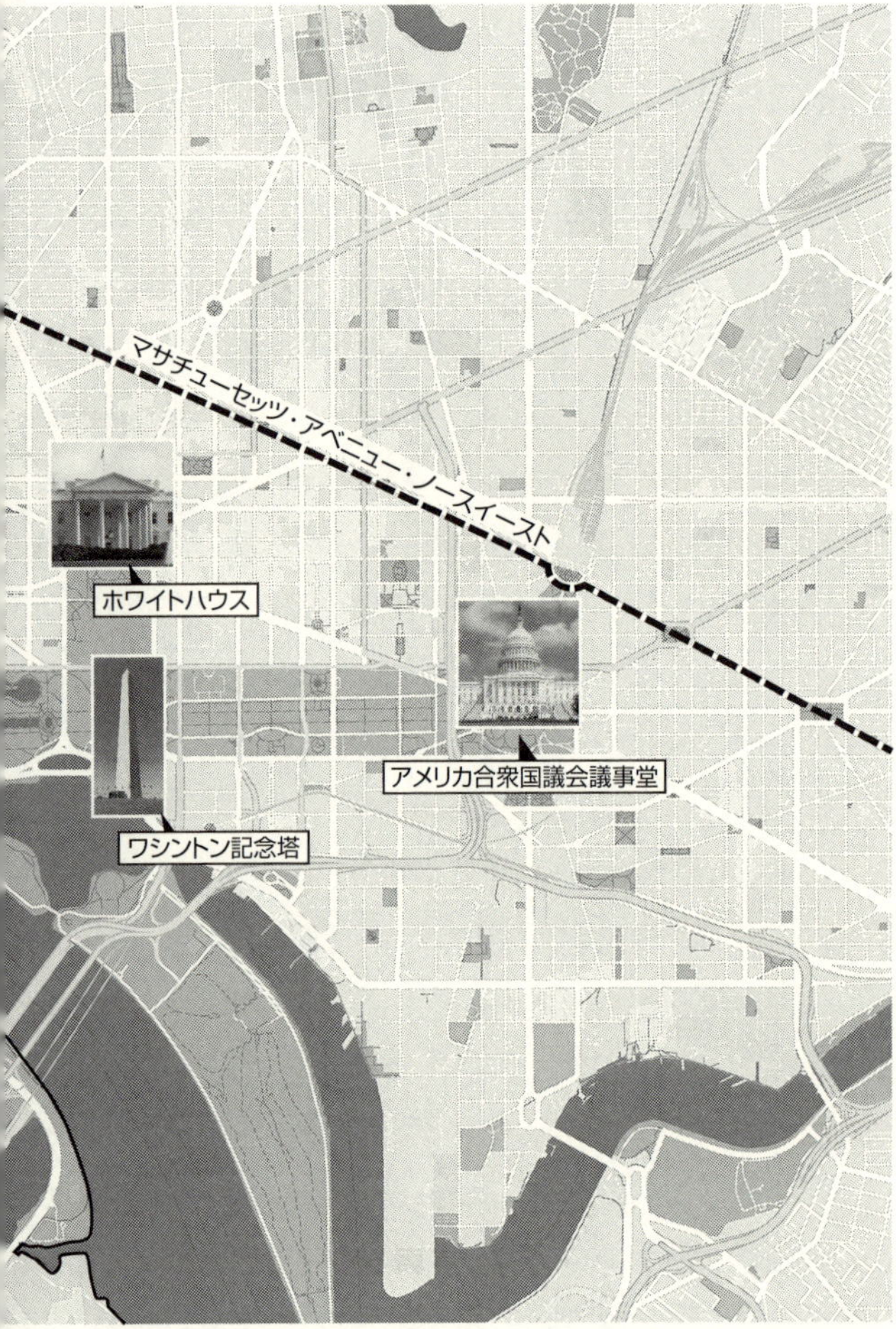

地図データ　©2024 Google

ワシントンDCの中心部

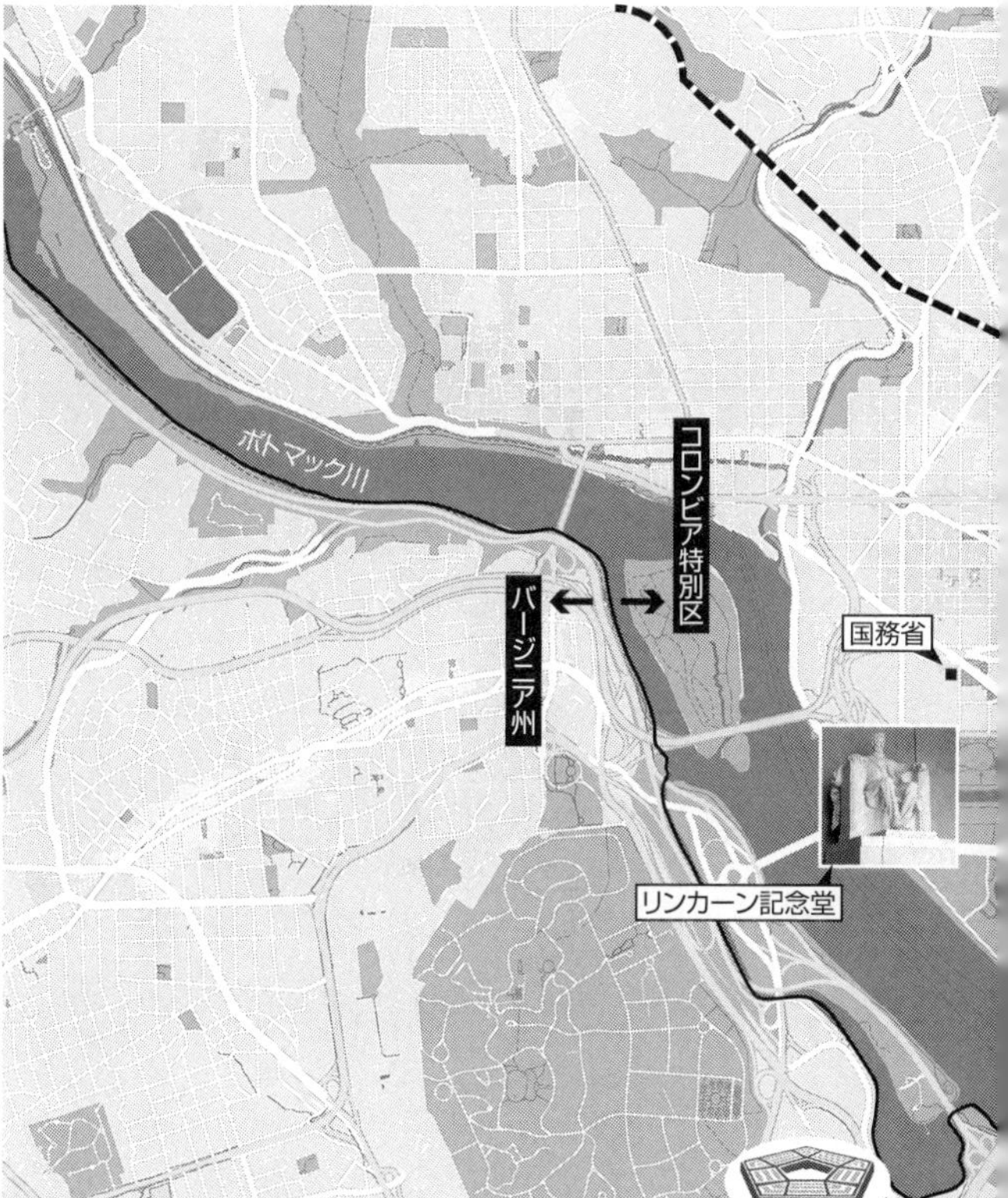

現地では「キャピトル」と呼ばれています。

このキャピトルと向き合うように、街の西の端には、第16代アメリカ大統領だったエイブラハム・リンカーンの彫像が立つ「リンカーン記念堂」があります。エイブはいつも議会を見つめているわけです。

霧の底、国務省

モニュメントから北西へ向かう線の先、ポトマック川の川べりには、日本の外務省に当たる国務省があります。State Department の略称で、SDと呼ばれます。

国務省の建物が立っている場所は、かつては沼地が広がっていたそうです。そのためか、年に数回、霧が立ち込める朝を迎えることがあり、国務省を「霧の底」(Foggy Bottom)と呼ぶこともあります。

トランプ政権4年間の国務長官は、前半をエクソンモービルのCEOだったレックス・ティラーソンが、後半をマイク・ポンペオ下院議員が務めました。

トランプ政権は、当初からロシアに妙に気を遣い、ロシアとのビジネスに精通し「ロシアとの駆け引きに強い」と自負していたティラーソンを長官にしたのです。

しかし、トランプは「沼地を掃除する」という言い方で、自分に忠誠を誓わない国務省職員を排除するという非常識な行動に出ます。ティラーソンはそれに感化され、重箱の隅をつつくようなマイクロマネジメント（過干渉）ぶりを見せ、さらに優秀な職員を容赦なく切っていったので、国務省は職員がやる気を失って、混乱に陥りました。

この事態を収拾し、国務省の再ブランド化を図ったのが後任のポンペオです。このときポンペオは、国務省のswagger化（活性化）という言葉を使いました。

ちなみにswaggerは、1590年代半ばに、シェークスピアが劇作品『ヘンリー4世』の中で初めて使った英単語です。

MISTRESS QUICKLY: If he swagger, let him not come here: no, by my faith; I must live among my neighbours; I'll no swaggerers: I am in good name and fame with the very best: shut the door; there comes no swaggerers here: I have not lived all this while, to have swaggering now: shut the door, I pray you.

女将：ダニだったらここには通さないからね。ええ、通すもんか。ご近所の手前もあるじゃないか！　ダニは絶対お断り。あたしゃこれでも一流のお偉方のあいだじゃ有名人なんだよ。ドア閉めな。ダニはここには一匹だって通しゃしない。あたしがいままで生きてきたのは、ダニにでかい面されるためじゃないんだから。ドア、閉めてったら。

（『ヘンリー4世』第二部第二幕第4場より　松岡和子訳）

swaggerという単語は、アメリカでよく使われます。右の訳では「ダニ」となっていますが、シェークスピアの時代から450年ほど経った現代では、「やや過剰な自信を持った人間」とか、「ビシバシと物事を進めること」などを意味しています。

ポンペオは、職員の数を増やし、いくつかのポジションを復活させます。アメリカの外交力を高めるべく、国務省のことを“Department of Swagger”と呼ぶと宣言し、エンブレムまで作って盛り上げました。

“Department of Swagger”は、「自信に満ちた職員の省」とか「ビシバシやるで省」

とでも訳せるでしょうか。

筆者は、ポンペオという人物がいたので、アメリカはトランプの無手勝流の外交指令を実行に移さずに済んだのだと見ています。その意味で、マイク・ポンペオ国務長官はセイバー（救い主）でした。

五角形の国防総省、ペンタゴン

ポトマック川を挟んだ対岸のバージニア州には建物が五角形の国防総省＝ペンタゴンがあります。ここの主も、トランプ暴走の嵐を食い止めることに一生懸命でした。

国防長官は、当初の2年はジェームズ・マティスがその任につきました。海兵隊時代のあだ名はマッド・ドッグ＝狂犬、荒くれ者という意味です。

トランプ大統領は軍人好きなため、マティスを長官に迎えたのですが、わずか2年で辞任します。彼は、地元ワシントン州で選挙人登録をしていますが、自分の信奉する党派は明らかにしていませんでした。どちらの党にも登録しようと思ったことはない、とも述べています。

マティスは、大事なアメリカ兵を犠牲にしたくなく、しなくて済む戦争・軍事攻撃は「しない」主義でした。トランプがシリアのアサド大統領を暗殺しろと逆上したときに、その場では何も発言しなかったものの、後で補佐官に「あれはやらないから」と言って指令を無視したのは、有名なエピソードです。

マティスも結局、トランプ政権の「みな、最後は消える」という法則に従っていなくなり、その後はなかなか国防長官になれない代行長官が続くことになりました。

国防総省、ないしは国防省は、Department of Defense の略称で、ＤＯＤと呼ばれます。

顔のない組織、CIA

ＤＯＤからポトマック川沿いの道を北西に行った先にはＣＩＡ（Central Intelligence Agency＝中央情報局）という、諜報関係を扱う組織があります。

トランプ政権誕生時にＣＩＡ長官に任命されたのは、マイク・ポンペオでした。ポンペオが国務長官になって退いた後は、ジーナ・ハスペル副長官が初の女性ＣＩＡ長官となりました。

ハスペルは、ベテランの女性ＣＩＡ局員です。ポンペオは政治家ですが、ハスペルは官僚で、諜報機関という性質上、それまで表に出ることはほとんどありませんでした。

そもそもＣＩＡは顔のない組織です。記者に向けて毎週ブリーフィングするような報道官もいません。

トランプはワシントンDCの住人になりきれなかった

十字架のような東西・南北のラインから見てきましたが、ワシントンＤＣにはもう１本大事な補助線があります。

それが、ワシントンＤＣを議事堂の北の端から北西に向かって斜めに走るマサチューセッツ・アベニュー・ノースイーストです。この通り沿いには、大学や大使館、研究機関が多数あることで知られます。

ワシントン記念塔を中心に東西と南北、それに斜めの線からなる街、緑の自然あふれる観光都市と政治の世界が渾然《こんぜん》一体となった稀な街が、首都ワシントンＤＣです。

ワシントンDCは、アメリカを前進させるために自分の力をすべて注ぐ人たちと、それを評価する人たちから成り立つ街です。ワシントンDCで日々起こるすべての物事は、政治や外交の観点から、メディアや各国の外交官、シンクタンクの研究員たちによってマイクロスコープにかけられます。この街の住人がとった行動は、直ちにジャッジされます。そこには、「勝利」か「敗北」しか存在しません。

そのような街で、誰の背中をもポンと叩く人当たりのよさで、次々と直面する事態に最終的に「勝利」することが自分の存在感の源となるのが、ワシントンDCの住人の姿です。失敗したらしたで、別の形で巻き返し、新たな解決策を見つけようと力を尽くし、最後まで諦めません。

しかも「勝利」か「敗北」かを決めるのはメディアや研究機関であり、本人には決定権がありません。必死に頑張って何も手に入らなければ、そのときは笑顔を見せて、最初から何も起きていなかったかのように振る舞う強靭な精神力も必要です。

トランプ前大統領は結局、第1期政権の最後まで、そうしたワシントンDCの住人になりきれなかったと感じます。

そもそも、トランプの統治視点は「ワシントンＤＣの官僚政治の否定」、あるいは「情報機関や軍などのディープ・ステイト（闇の政府）の破壊」から始まっています。それによって、ワシントンＤＣの住人とはかけ離れた存在に自ら好んでなっていた部分があるわけですが、これに加えて、トランプ自身の性格も大きく関係しています。

トランプを理解するのに欠かせない歌手ペギー・リー

トランプ前大統領の性格を考えるのに欠かせない人物がいます。

ペギー・リーという歌手をご存じでしょうか。１９２０年にノースダコタ州のジェームズタウンに生まれ、41年にデビューします。亡くなったのは２００２年、40年代から90年代まで、歌手・作曲家として息長く活躍しました。

トランプは、実はこのペギー・リーという歌手が大好きなのです。

ペギー・リーの歌の中で彼が特に好きなのは、"Is That All There Is?"（たったそれだけのこと？）という曲です。

１９６９年に発表された曲ですが、YouTube などで聞くことができるので、ぜひ聞いてみてください。
　ポイントは歌詞です。筆者は、この歌詞は、トランプの世界観そのものを表しているのではないかと思います。
　一部をご紹介しましょう（筆者訳）。

Is That All There Is?　（たったそれだけのこと？）

I remember when I was a very little girl, our house caught on fire.
I'll never forget the look on my father's face as he gathered me up
in his arms and raced through the burning building out to the pavement.
I stood there shivering in my pajamas
and watched the whole world go up in flames.
And when it was all over I said to myself, "Is that all there is to a fire?"

あたしは覚えているの、とても小さな女の子だった頃、家が火事にあったことを
あの時の父の顔は二度と忘れることはないわ
あたしを抱きかかえると、燃える建物を走り抜けて表に出たの
あたしはそこでパジャマ姿で震えていた
そしてあたしの世界のすべてが炎に包まれるのを見たわ
炎が消えた時、思ったのよ「火事ってたったこれだけのこと？」

Is that all there is? Is that all there is?
If that's all there is my friends, then let's keep dancing
Let's break out the booze and have a ball
If that's all there is
これだけなの？　これでおしまい？
これだけのことなら　あなた　踊りを続けましょうか
お酒を酌み交わして　大いにはめを外しましょうよ

もしこれだけのことなら

2番以降は次のような歌詞が続きます。

「あたし」は12歳のときに父親にサーカスに連れていかれるが、華やかなサーカスの舞台にも心は動かず、「サーカス」のつまらなさに落胆する。さらに恋に落ちる年齢になった「あたし」を恋人の青年が捨てたとき、「あたし」は死にたいと思うが死ぬことができず、「愛ってたったこれだけのことなの」と落胆してつぶやく。

自殺をせずに生き続ける「あたし」は最後に、何も怖いものなどなくて、人生の最後の瞬間に最後の落胆をすることを糧に生きているという、暗く不安な歌です。

ゆっくりと昔を思い返すような調子の歌詞とメロディは、物憂げで、とても引き込まれるものがあります。

この歌詞は、実はドイツの偉大な小説家トーマス・マンの書いた『幻滅』("Enttäuschung")という短編を下敷きにしています。

小説では、ありとあらゆる出来事（歌詞の中の出来事とシンクロしています）に幻滅して、とうとう最後の幻滅を自らの死によって味わおうとする極めつきのニヒリストの男が描かれています。

「ニヒリズム」は「虚無主義」と訳します。人生には目標や価値、意義などないとする哲学です。何かに熱中しても、すぐに気持ちが冷めてしまい、冷めてしまえばそのことが大事でなくなる、という虚無的な生き方をしている人を、「ニヒリスト」と呼びます。

すべては一時のことにすぎないと考えるニヒリスト

トランプ前大統領は複数のインタビューで、この曲を自らに重ね合わせて、「偉大な曲だ。俺は偉大な成功を収めてきたが、でも、気持ちは次から次へと移ろってしまう。というのもこう思うからだ。『たったそれだけのこと？』なのかってね」と、ほめちぎっています（この発言は、ピュリッツァー賞受賞ジャーナリストであるマイケル・ダントニオの著書 *The Truth About Trump* にも登場します）。

筆者は、英字紙でトランプのこの発言を知り、彼に対する興味・関心が一気に高まりました。

暴言・パワハラが酷い、善悪の判断が非常識と、トランプの人間性については特異なところばかりが伝えられますが、彼がこの歌を好きで、自分をニヒリストだと考えているらしいと知り、彼についての視野がいきなり広がった気がしました。

実際、トランプ政権の第1期を観察していると、彼が世の中を、歌詞に出てくるサーカスのように見ているのではないかと思えることが何度もありました。

道化師や綱渡りの男や、空中ブランコでアクロバットを見せる女性が出てくる。みな、サーカスを盛り上げるのに一生懸命でも、すべては一時《いっとき》のことで、ショーはすぐ終わってしまう。それが分かっているから、見ていても気持ちは完全には入り込めない。

サーカスの芸人ではありませんが、トランプ劇場では、主役以外は舞台上に出たり入ったりする脇役でしかないということは、第1期政権を見ていた多くの人々が感じていたことではないでしょうか。

何事にも責任を負わないニヒリズム政権再び?

この深いニヒリズムは、筆者にとっては、トランプ前大統領と第1期の政権運営を理解する大きな鍵となりました。そして、トランプがトランプである限り、2期目も同じことになるでしょう。

トランプはニヒリストであることに加え、何かトラブルが起きても、自分に責任があるかもしれないとは、決して考えないタイプの人物です。

強いニヒリズムの中で、失敗、あるいは大惨事が起きても、「そういうものか」と思うだけで、自分の責任として受け止めることをしません。

自分の方向性を改める気がないので、「事態に対処する」という考え方も欠落しています。

不可解なこともあります。

彼は大統領職を1期経験し、「大統領はたったそれだけのこと」と思わなかったのは間違いありません。

トランプの強いニヒリズムによって、第1期政権のさなかに、彼自身が窮地に追い込まれていました。それなのに、4年の空白を経て、第2期政権を発足させたいと言っている。これはワシントンDCの住人の常識とはかけ離れています。

それだけでなく、先の選挙でバイデンに敗れ、それに納得できずに議会議事堂襲撃の引き金になるような行動をとったことが、現在、司法の場で裁かれています。支持者があれだけ無茶苦茶をやり、議会を冒瀆《ぼうとく》し、彼の側近も選挙詐欺に加担していた可能性があります。そのようなワシントンＤＣへ再び帰りたいという神経とは、一体どういうものなのでしょうか。

トランプの言動を一般の人々の常識で測っても無駄だということは、これまで散々思い知らされてきましたが、それでも疑念を抑えることができないのは、筆者だけではないでしょう。

政権2期目の運命、レイムダックかレガシーか

政権２期目は「レイムダック」期と呼ばれています。「ケガなどで足を痛め、ひょこひょこと不自由な歩き方になったアヒル」という元の意味から、政権が終わりに近づいて、何をやってもうまくいかない状態を指します。

アメリカ大統領の任期は２期８年なので、２期目にこの「レイムダック」に突入して

しまう政権は少なくありません。

レイムダックになるのは、辞めていく大統領は、政治・経済や外交で、大きな動きが取りにくいからです。

しかし、任期が4年しか残っていないことを逆手にとり、レガシー（政権の遺産）を生み出そうとして、大胆な動きに出ることもあります。共和党政権でのその典型例は、レーガン政権です。

レーガン政権は、レバノンのシーア派テロリストに拘束されているアメリカ兵を救出するために、イランへ極秘裏に武器を売却し、その代金を南米のニカラグアの反共右派ゲリラ「コントラ」に横流ししました。いわゆる「イラン・コントラ事件」です。

事件は1986年に発覚し、ホワイトハウスのNSC＝国家安全保障会議の補佐官らが関与していたので、上を下への大騒動となります。

議会は上下両院の合同委員会で公聴会を開催、当時、ワシントン支局特派員だった筆者は議会へ日参して、NSCの軍政担当だったオリバー・ノース中佐やジョン・ポインデクスター国家安全保障問題担当補佐官の証言を目の前で聞いてはリポートにまとめ、東京へ電送しました。その数、年間150本、空前絶後の記録です。

この事件により、レーガン政権はレイムダックになりかけます。しかし彼は、ソ連との軍備管理交渉に打って出て、「グレート・コミュニケーター」と呼ばれる能力を活かして「冷戦」を終結させます。

レーガン政権は、まさに9回裏の大逆転で「米ソ冷戦の終わり」というレガシーを残したのです。典型的なハリウッド映画のようなハッピーエンドでした。

他方、トランプ前大統領は、アメリカ合衆国憲法の大統領の任期規定を無視し、憲法で禁じられている3期目を求めるような言動を時々しています。強いニヒリズムの中で、2期の政権を3期に延ばして、プーチン流のアメリカ型独裁帝国をつくるという夢想にかられている危険もありそうです。

次章では、第1期トランプ政権の内部で何が起きていたのか、それを細部まで見ていくことで、トランプが再選された場合に、一体どんなことが起き得るのかを検討したいと思います。

第二章　トランプ政権第1期の悪夢

政治的キャリアが全くないまま大統領に

序章の冒頭でもご紹介したように、２０１７年1月20日正午前、ドナルド・トランプは、議会議事堂にしつらえられた就任式の演台で、2冊の聖書に左手を置き、大統領職を成し遂げていくと厳《おごそ》かに誓いました。

1冊はリンカーン元大統領が就任の際に使った聖書、もう1冊は、１９５５年6月12日、トランプ9歳の誕生日の2日前に、母親のメアリー・アンからニューヨーク州ジャマイカの第1プレスビテリアン教会の日曜学校の卒業記念として贈られた小型聖書でした。

誓いの文句の最後は“So help me God.”（神よ、我を救いたまえ）でした。

その瞬間、21世紀で、あるいはアメリカ史上で、最も不安に満ちた共和党政権がスタートしました。

民主党側は下院議員だけで約60人が式典をボイコットしています。その4年後にホワイトハウスをトランプから奪うジョー・バイデンは、オバマ政権の副大統領としてトランプ夫妻の近くにいました。

4年後に副大統領となるカマラ・ハリスは、1月3日に上院議員になったばかりでした。これも序章冒頭でご紹介しましたが、分厚いコート姿で議会関係者用の席に座って就任式を見ている様子を、中継の代表カメラが写していました。わずか5秒くらいのカットでした。

トランプ前大統領には第1期を務めている間、「モーグル」(Mogul)という別名があったのをご存じでしょうか。これは、大統領と家族たちを実際に警護するアメリカ政府のシークレットサービスが使用した暗号名で、「モーグル」とは「重要人物」という意味です。

メラニア大統領夫人の暗号名は、芸術の女神を意味する「ミューズ」(Muse)、3人の子ども、長女のイヴァンカ・トランプは「驚き」という意味のマーベル(Marvel)、長男のトランプ・ジュニアは「登山家」(Mountaineer)、次男のエリック・トランプは「狙撃兵」(Marksman)という物騒な暗号名でした。

「重要人物」トランプ前大統領は、不動産業を営む実業家から大統領になりました。その点を、多くの国民に愛された、映画俳優から政治家になったロナルド・レーガン元大統領になぞらえる向きもあります（共和党はそれを2024年選挙の「売り」にするイメージ戦略をとっています）。レーガンはカリフォルニア州知事を2期務め、保守陣営の考え方をしっかりとつかみ、その確固たる姿勢が広い国民の支持を得て、大統領への道を歩んだ人物です。

筆者は、ロナルド・レーガンの記者会見をホワイトハウスの記者会見場で何度も間近に聞きました。彼の会見はいつもとても紳士的で、ユーモアやウイットに富んでおり、役者が舞台で演じているのを見ているようだと思ったものです。

これに対してトランプは、大統領の座に就くまで、政治的なキャリアは一切ありませんでした。イデオロギー的な志向も全くなく、2015年6月に選挙戦を始めるまでは、ニューヨークの有名実業家であり、民主党員だった時期もあります。

政治的なキャリアはありませんでしたが、1999年から2012年までの13年間で、所属する党を5回も変更し、その後に「保守派」に鞍替えします（とはいえ、筆者はトランプを共和党保守派の一員だと思ったことは一回もありません。その理由は後述します）。

「アメリカ合衆国大統領」を目指すという新たな人生の中で、当時のオバマ大統領がアメリカ生まれではないというアイデアに取り憑かれ、保守的なケーブルニュースを見続け、その歪んだ情報によって、トランプの政治世界が形成されていったように思います。

トランプがしがみついた3つの概念

2016年に、民主党でもゴリゴリ左派だったヒラリー・クリントンを打ち破って米大統領になったトランプには、いきなり4000人規模の「官僚」という名の部下ができました。

トランプ・オーガニゼーションの運営を長男のジュニアに任せ、全く未知だった国家運営を始めたとき、トランプは頭の中に次の3つの概念を持っていたと思います。

（1）アメリカは世界の問題を解決しすぎる
（2）貿易協定はアメリカにダメージを与える
（3）移民の存在はアメリカ社会に有害だ

これをレーガンと比べると、レーガンは、

（1）強いアメリカは世界の問題を率先して解決すべき
（2）貿易協定は、強いアメリカの同盟国維持に欠かせない
（3）移民の存在はアメリカの原点だ

と考えていました。

アメリカ共和党の良さは、「民主主義」を掲げ、それを世界に広めるために努力を惜しまないというところにありました。また、ルールを重んじ、そのルールを使って同盟国との絆を強くしようとするのも、共和党ならではの考え方でした。移民については、レーガンは党大会を始め、演説の中で何度も、アメリカは移民がつくり上げた国家であることを強調していました。

筆者は1986年から4年間、ワシントンで特派員を務め、冷戦の終結など「レーガ

ン革命」の成果を目の当たりにしました。レーガン政権の保守主義は熟知しているつもりです。ですので、トランプ政権第1期の初期を操ったバノン一派の「白人至上主義」とレーガン的な「アメリカ保守主義の本流」は別物だと、最初から考えていました。

トランプの共和党は、純粋培養的な共和党の考え方とは全く違う軌道を走っていたのです。

トランプが、自分の心に決めた3つの概念にしがみついて国家運営に乗り出したことで、当然ながら大きな混乱が起きました。

「政治」には混乱がつきものですが、この混乱は「政治」とは無縁の「陰謀」や「謀略」「沼地に住む奇怪な〝官僚〟と呼ばれる人々」のことを考えすぎる男の頭の中から生み出されたものでした。

高官の必死の舵取りでかろうじて維持されていた政権

筆者はトランプ政権は、4年間で第1ステージから第5ステージまでの5段階の変容を遂げたと分析しています（次ページ図参照）。

	第3ステージ	第4ステージ	第5ステージ
	 ジョン・ボルトン	 マデリーン・ウエスターハウト	 ルドルフ・ジュリアーニ
	 ミラ・リカルデル	   ジョン・ボルトン　ジョン・F・ケリー　ミラ・リカルデル	   ミック・マルバニー　マーク・メドウズ　ロバート・オブライエン
	 マイク・ポンペオ	 マイク・ポンペオ	 マイク・ポンペオ
	 ジェームズ・マティス	 ジェームズ・マティス	  パトリック・シャナハン　マーク・エスパー
	 ジーナ・ハスペル	 ジーナ・ハスペル	 ジーナ・ハスペル

注：ジョン・F・ケリーとミック・マルバニー、マーク・メドウズはいずれも大統領首席補佐官だが（マルバニーは「大統領首席補佐官代行」）、政権内では2番手の扱いだったので、2段目にまとめた。

トランプ政権の主要メンバー

	第1ステージ	第2ステージ
	 スティーブン・バノン	 ハーバート・マクマスター
NSC（国家安全保障会議）	 マイケル・フリン  K・T・マクファーランド	 ディナ・パウエル  ナディア・シャドロー（©Hudson Institute）
国務省	 レックス・ティラーソン	 レックス・ティラーソン
国防総省	 ジェームズ・マティス	 ジェームズ・マティス
CIA（中央情報局）	 マイク・ポンペオ	 マイク・ポンペオ

図の最上段には、〝トランプ丸〟という船を操る船長、大統領を引っ張る司令塔となった人物を入れました。アメリカの政権の通例では、大統領首席補佐官（Chief of Staff）が主にこの役割を務めます。

それに続く2段目は、国家安全保障問題担当大統領補佐官（National Security Adviser）です。

大統領首席補佐官は何でも屋の位置づけ、国家安全保障問題担当大統領補佐官はNSC＝国家安全保障会議（National Security Council）を率いて国の安全保障政策を組み立てて実行します。両者はアメリカ政府の二枚看板として存在しています。

この二枚看板がいずれもトランプの言動に内心不安を感じながら横並びになる格好で政権運営に携わっていたのが第4ステージで、前者をジョン・F・ケリー、後者をジョン・ボルトンが務めました。

NSCには2つの大きな役割があります。ひとつは、政権内の省庁間の調整をする役割、もうひとつは、国家安全保障、つまりアメリカという国家の物理的、あるいは軍事的な安全に関する政策を策定して提示する役割です。

ちなみに、第4ステージのボルトン補佐官はホワイトハウス内に自分のオフィスを持っていましたが、スタッフはホワイトハウスの隣にある旧行政府ビル（OEB＝Old Exective Building）、別名「アイゼンハワー行政府ビル」に事務局を置いて活動していました。

このOEBには、副大統領の執務室や国家安全保障会議事務局も存在しているほか、大規模な記者会見なども行われるので、ワシントン特派員は赴任中、何度も建物内に入ることになります。

余談になりますが、筆者は、パパ・ブッシュ政権の副大統領だったダン・クエールに単独インタビューをするために、副大統領執務室に入ったことがあります。ひんやりとした石造りの建物からは、歴史と権力の重みをじっとりと感じさせられました。

就任式から25日目に政権の生みの親をクビに

第1期トランプ政権は、トランプが政治の素人だという抗えない事実があるため、政権内に上級補佐官、大統領上級顧問（Senior Advisor to the President）が多いのが特徴でした。
ホワイトハウスの大統領上級顧問という職には大きな特徴がひとつあります。ホワイトハウス内では、誰もがさまざまな肩書きで、それぞれの持ち場を与えられて、その責任を果たして組織が回っています。その中で唯一、大統領上級顧問にだけ、「立場」「専門」「特定の役割」が存在しません。大統領に関わるすべてのテーマに口を出し、アドバイスができる最上級の立場なのです。

筆者はこれまでに特にレーガン、パパ・ブッシュ、ブッシュJr.の共和党政権を中心に分析してきました。それらの政権と比べると、トランプ政権では過去に例を見ないほど頻繁に、人が入れ替わりました。

スタッフの辞任を発表するホワイトハウス報道官の声明文は、"We are grateful for his/her service and wish him/her the best."（私たちは彼/彼女の奉仕に感謝しており、今後のご活躍をお祈りしています）という決まり文句で締め括られます。

トランプ政権下ではこの声明文を数えきれないほど見てきたので、この文言を暗記して空で言えるまでになりました。トランプの机には、この常套句を印刷した紙が何枚も束になって入っていて、スタッフの辞任のたびに、トランプは誰が辞めるのかもよく見ないまま、それに署名しては配っていたのでは、と思うほどでした。

最初の衝撃は、国家安全保障問題担当大統領補佐官に任命されたばかりのマイケル・フリン補佐官が更迭されたことです。

政権発足前にロシア当局者と不明朗な接触をし、それを明確に弁明できなかったため、トランプもかばえずにクビとなったものです。２０１７年1月20日の大統領就任式の日からわずか25日目の出来事でした。

マイケル・フリンは、トランプ政権の生みの親ともいえる働きで、トランプをホワイトハウスの椅子につけた人物です。トランプ政権の船出を前に腕まくりをして操舵席に着こうとしたら、いきなり船から放り出された格好で、「今後のご活躍をお祈りしています」という声明文を最初に出された人物になってしまいました。

この政権で長く居残っていくのが大変な仕事であるということを、初《しょ》っ端《ぱな》から印象づけられました。

ではトランプ第1ステージからトランプ第5ステージまでを段階ごとに振り返ってい

きましょう。

政権発足時の主役は白人至上主義の「野蛮人」

トランプ第1ステージの主役は、ティラーソン国務長官が連れてきたスティーブン・バノン大統領上級顧問・戦略官でした。極右でユダヤ人嫌いの男が政権に潜り込んだのです。

これは共和党の保守本流にとっては痛い人事でした。

バノンのようなオルト・ライト（Alt〈=Alternative〉-right =白人至上主義をうたう超極右の集団）系の人々は、ネオコン（Neoconservatism の省略形。自由主義、民主主義を信奉し、その覇権のためには武力の行使も厭わない考え方）派閥を毛嫌いしています。

さらに驚くべきことに、政権発足から47日間も、国務省の記者会見が開かれませんでした。

その理由は国務省のメンバーリストを見ると明白でした。トランプが、「ワシントンの役人のつくった組織はぶち壊す」という考えをぶち上げていたせいで、どの部局もVACANT（空席）と書かれたポジションがたくさん、つまり、役人が決まらない事態が続いていたからです。

政権発足当初、誰の顔を見て仕事をしてよいか分からない所在なげな職員たちで、国務省のキャフェテリアがごった返していたといいます。

バノンは、前述した（1）アメリカは世界の問題を解決しすぎる、（2）貿易協定はアメリカにダメージを与える、（3）移民の存在はアメリカ社会に有害だ、の3つの概念の基礎をトランプに吹き込んだ人物です。

バノンは、これに基づいた政策を徹底的に推進し、あらゆる混乱と対立を発生させることに血道を上げます。そして、「政権に安定感を」と考えていた上級顧問のジャレッド・クシュナー（トランプの娘イヴァンカの夫）を目の敵にしました。

補佐官だったイヴァンカが政策に口を出すので、ある席で「お前はただのスタッフの一人だ！」と啖呵《たんか》を切ったバノンに、イヴァンカは「私は大統領の娘よ！」と怒鳴りかえしたそうです。イヴァンカとクシュナーを敵に回したことが災いし、バノンは就任から1年半後にクビを申し渡されました。

バノンを追い出したのは、公式には新たに首席補佐官になったジョン・F・ケリーだといわれていますが、非公式には、ジャレッド・クシュナーとイヴァンカ・トランプ夫妻、ディナ・パウエル、ゲイリー・コーンという、“West Wing Democrats”（ウエスト・ウイングに住む民主党員たち）、別名“Globalist”（グローバル主義者）と呼ばれる4人組だったといわれています。ウエスト・ウイングとは、大統領の執務室などがあるホワイトハウスの西棟のことです。当時、広報部長代理に任命されたばかりのホープ・ヒックスも一枚嚙んでいたとの情報もあります。

去り行くバノンはこう言いました。“The Trump presidency that we fought for, and won, is over.”（「我々が戦い、勝ち取ったトランプ大統領の政権は終わった」）。そこまで言うか、というのが、当時の筆者の感想です。

結局、トランプ第1ステージでの数々の混乱は、“Bannon the Barbarian”（野蛮人のバノン）とあだ名のついたバノンが辞めるまで、誰も収拾することができませんでした。共和党関係者も、これは共和党政権として大惨事だと青ざめていたそうです。

キッシンジャーの言うことだけは聞いたトランプ

そうした中で、孤軍奮闘していた保守本流の共和党員がいます。KTと呼ばれていたK・T・マクファーランドです。NSCの次席補佐官として、トランプ大統領の戦略プラン構築に力を尽くしました。

彼女の功績はもうひとつあります。KTはもともと共和党政権のヨーダ（『スター・ウォーズ』に登場する老賢者）といわれたヘンリー・キッシンジャー博士を師と仰いでいました。キッシンジャーとは密に連絡を取っており、トランプとキッシンジャーを直接対面させるという大役を果たしました。

トランプがキッシンジャーと親しくなり、動物的な勘でキッシンジャーを自分の近くにブレーンとして引き寄せたのは悪くない行動でした。

キッシンジャーはこの点について、「トランプ氏が世の中に爆発を次々ともたらすことで、アメリカ社会や国際情勢の閉塞感が変わり、新たな秩序が生まれる期待はある」と述べていますが、キッシンジャーらしくさらに付け足して、「期待はある。無理かもしれないが」とも発言しています。

さすがのトランプも、キッシンジャーの言うことだけは素直に聞いたようです。ですが、2023年、キッシンジャーもこの世を去ります。トランプが2024年に再選されたら、今回はキッシンジャーがいません。それが第2期トランプ政権にとってどんなに危険なことかと、筆者は憂慮しています。

KTも次第に梯子を外され、名誉職として駐シンガポール大使に任命されることになります。しかし、一転して上院の承認が滞ってしまい、就任から2年で政権を去りました。

討ち死にしたマクマスター、生き残ったポンペオ

共和党にとって悪夢のような日々を救い、トランプ第2ステージを支えたのが、ハーバート・マクマスター国家安全保障問題担当補佐官でした。彼は軍人から登用され、NSC＝国家安全保障会議を「規律」という観点から運営しようとしました。

優秀な専門スタッフの力で政権を導いていくという方向を模索し、最初のうちはうま

くいっていたのですが、このやり方にはひとつ大きな問題がありました。

トランプ大統領は、上から目線の話を受け付けないのです。本能的に拒絶してしまうといってもいいでしょう。

トランプ第１ステージから第２ステージへの変化のポイントは、軍人シフトの形成でした。すなわち、首席補佐官に、現役時は海兵隊大将で、政権発足時の国土安全保障長官から横滑りしたジョン・Ｆ・ケリー、国家安全保障問題担当大統領補佐官に、現役時は陸軍中将だったマクマスター、そして国防長官に、現役時は海兵隊大将だったジェームズ・マティスと、３人の有能な軍人が顔を揃えました。

大統領を「アメリカ４軍の長」と理解している３人がホワイトハウス内外を固め、トランプが指示する数々の無理難題との戦いに突入していきましたが、結果的には、３人とも討ち死にしたといっていいでしょう。

バノンがホワイトハウスから去った後の最大の問題点は、〝トランプは残った〟こと、そして誰が馬車を御するかでした。

御者に問題があれば、馬車は、転倒や衝突や、脱輪の危険を免れません。ＡＢ（After

Bannon：バノン後）時代には、御者が自らの態度を改めるかどうかが新たな焦点となりました。

その状況下で、上から目線が嫌いで、褒められることが好きなトランプの性格がよく分かっていたのが、マイク・ポンペオ（正式にはマイケル・リチャード・ポンペオ）でした。ポンペオはカンザス州出身の共和党下院議員で、トランプ第1ステージと第2ステージでCIA長官を務め、トランプ第3ステージで国務長官に転身しました。

アメリカの国務長官は、日本に当てはめれば、外務大臣というよりは総理大臣です。現職の大統領が執務不能になったり弾劾などで免職されたりした場合には大統領権限の継承が行われますが、国務長官は、副大統領→下院議長→上院議長→国務長官と、継承順位4位に位置しています。

アメリカの安全保障筋の話では、ポンペオは、北朝鮮問題で中心的役割を果たしましたが、トランプには常にお伺いを立てるような形で、丁寧かつ慎重にアプローチを続けたといわれます。

マクマスター補佐官が結局トランプに意見しすぎて袋小路に入ってしまい、最後にクビを切られたのに対して、ポンペオはトランプ第3ステージでCIA長官から国務長官に転身し、なおも北朝鮮問題で主導権を握り、トランプ第5ステージの段階まで生き残ります。その違いは、このトランプへのアプローチの仕方にあったといえます。

政権を支えた2人の女性

トランプ第2ステージでは、2人の女性も政権を支えて活躍しました。いずれも共和党保守本流としての学びを深めての登場であり、適切な場所に適切なときに存在することができた人物でした。

一人目はディナ・パウエル、大統領補佐官兼上級顧問です。パウエルはイヴァンカ夫妻と親しく、トランプ政権内の危ない動きをイヴァンカに伝えて火を消す役目を果たしました。

彼女は実は、ジョージ・ブッシュJr.大統領の政権でも活躍した保守本流の共和党員でした。トランプ政権でこのような人物がしっかりと存在していたことは、日本のメディアではあまり知られていません。彼女は結局、自分からホワイトハウスを離れて、ウォール街へ戻りました。

もう一人は国家安全保障問題担当次席補佐官だったナディア・シャドロー博士です。「戦争あるいは紛争は、作戦遂行の仕方はもちろん、戦後の体制をどうするかまで、しっかり考えて準備しておくことが大切」との主張の持ち主であったシャドロー博士を、NSCの戦略立案担当に引き込んだのはマクマスター首席補佐官です。

トランプが安全保障政策や軍事に無知な中で、シャドロー博士の叡智は、政権の脱線を食い止める重要な要素となりました。

特に、マクマスターとコンビで2017年に取りまとめた「国家安全保障戦略」(NSS＝National Security Strategy)は、トランプの理屈を無視し、共和党的観点に立った異色のNSSであり、優れた内容のものでした。

アメリカにとっての危険がどこにあり、それをどう判断し、それにどう対処するか。その点について、政治的・経済的な面より、国家安全保障の観点に重きを置き、「力による平和の確保」という明確な、踏み込んだメッセージを打ち出しています。

共和党の政策がトランプによって断ち切られないことを宣言する文書であったことに、

胸を撫で下ろした安全保障問題担当者も少なくなかったでしょう。

このNSSがいかに優れていたかは、その後のバイデン政権のNSSも基本線はシャドロー路線であったことからも分かります。

しかし彼女も、この後トランプ劇場の舞台に立ったジョン・ボルトン国家安全保障問題担当大統領補佐官とそりが合わず、ボルトンにクビにされ、現在は共和党系シンクタンクのハドソン研究所で研究員として活躍しています。

共和党のエース・ボルトンもトランプ流には歯が立たず

トランプ第3ステージでは、共和党保守本流のジョン・ボルトンが、とうとう国家安全保障問題担当大統領補佐官の地位に就きます。

トランプ大統領がトランプ流を発揮すればするほど、共和党の保守本流は不安が増して、次々と強いカードを切らされることになりました。その結果が、保守本流の価値観のシンボルともいえるボルトンの登場です。

筆者はボルトンに単独インタビューをしたことがあります。しばしばウルトラ右派、ネオコン強硬派の強面《こわもて》と称されますが、実際に会って話してみると、とても冷静な人物でした。怖い人、乱暴な人、強気の人など、記者としていろいろな政治家や官僚を見てきましたが、彼らと比べて、この髭《ひげ》の手入れは大変だろうなとは思いましたが、特別な違和感は覚えませんでした。

ボルトンは、国家安全保障問題担当補佐官に就いたときに、共和党保守本流としてのプライドを政権に持ち込もうとしていたのだと思います。

最初は自分流の「力の外交」を追い求め、特に北朝鮮との協議が暗礁に乗り上げたときには、軍事圧力をかけるようトランプに迫りました。

しかし、「ボルトンは上から目線で対応策を押しつけてくる」と感じたトランプは、ボルトンが思ってもみなかった金正恩《キムジョンウン》総書記との話し合いに応じるという百八十度真逆の対話路線に舵を切り、一挙に首脳会談への道を開くことになりました。

ボルトンには、このトランプの対応が大変に応えたようですが、頭が良い人なので、人が変わったように、自分の存在感を示すことを一切止めてしまいます。

ウルトラ右派の存在感はオーラとして出すだけで、北朝鮮情勢の舵取りもポンペオ国務長官に譲った形を取りました。

こうして2018年6月12日にトランプの満足のゆく形で米朝首脳会談が終わり、北朝鮮情勢が新たなフェイズに入ったところで、第3ステージから第4ステージに移行します。

米朝首脳会談を経て「究極の俺様統治」へ

トランプ第4ステージでは、組織的に大きな変化はありません。ただ、手法がガラリと変わりました。

筆者はトランプ第4ステージの段階を、「究極の俺様統治」と呼んでいます。「トランプ大統領の主人」は、このトランプ第4ステージで実質的にトランプただ一人になりました。

大統領が自分で無茶な指示を出し、それを下がなんとかこなしていく。このような体制に移行したのには、2つの大きな原因があります。

ひとつは米朝首脳会談が形の上で成功裏に終わったことです。

北朝鮮問題については、トランプはまるでマントラを唱えるように、「オバマ大統領から政策を引き継いだままなら戦争になっていた。俺はそれを良好な関係に変えた」と自画自賛しています。

この会談を機に、米朝関係はポンペオ国務長官の専権事項になりました。ホワイトハウスという舞台を操る二枚看板、すなわちボルトン補佐官とジョン・F・ケリー首席補佐官は、トランプとのいつもの〝軋轢《あつれき》〟で、第一線から後ろへ下がります。

それによって、大統領が二枚看板を無視する、無視される二枚看板の側も大統領を相手にしないという、特殊な環境が生まれたと考えられます。

さらに、その変化を大きくプッシュした要素があります。

独裁者好きで反民主主義、規範を持たないリーダー

2018年年9月5日、ニューヨーク・タイムズ紙は、トランプ大統領の示す最悪の衝動に組織的に抵抗している「政権内抵抗勢力」の存在を匿名で告白した論説＝オプエド（Op-ed）を掲載し、大反響が巻き起こりました。「Op-ed 事件」です。

Op-ed とは Opposite the editorial page を指すといわれます。「編集者の意見のページではない、意見が異なることもある人物が書いた論説」という意味です。なお、Op-ed を Opinion editorial page（個人の意見を述べた論説ページ）の略だという人もいます。

この Op-ed の著者は、Anonymous＝匿名の「トランプ政権高官」となっています。あまり長くない論説なので、全文をご紹介しましょう（筆者訳）。

トランプ大統領は、現代のアメリカのリーダーの誰もが相対したことのない試練に直面しています。ただ単に（ロシア疑惑の）特別検察官が大きく立ちはだかっているというだけではありません。あるいは、トランプ氏のリーダーシップについて、激しい対立が国中で起きていることや、彼の没落によって、共和党が下院を民主党に明け渡すことになるかもしれない、といったことでもありません。

「ジレンマ」――彼はよくわかっていないのですが――が存在しています。それは彼の政権の多くの上級高官たちが、彼の政治課題や最悪の性向を懸命に阻止しようとしていることです。私には分かっています。私もその（高官たちの）一人だからです。

はっきりさせておきたいのは、私たちの抵抗は、よくいわれる左翼的な「抵抗」ではありません。私たちは、この政権が成功してほしいと思っていますし、多くの政策が、アメリカをより安全にし、より繁栄させてきたと思っています。

しかし私たちは、自分たちが第一に義務を果たすべきは、この国に対してであると思っているのに対して、大統領はこの国の健全さを損なうようなやり方を続けていると考えています。このことが、トランプ氏に任命された多くの高官が、民主主義的な仕組みを守り、トランプ氏の見当違いな衝動を阻止するために、「できることをする」という決意を固めた理由なのです。

問題の根っこにあるのは、大統領の規範のなさです。一緒に働いたことのある人なら誰でも、トランプ氏が、決断をするための指針とするような原則を何も持っていないことを知っています。彼は共和党員として選ばれたわけですが、保守層が長い間支持してきた理想、つまり、精神の自由、自由市場、自由な人々などに、ほとんど愛着を示していません。良くてもせいぜい原稿に書いた言葉として使う程度で、悪くするとこういった考えを正面から攻撃してきました。

彼は「報道は人々の敵」という言葉を大量販売しただけでなく、彼の感覚はだいたい、反貿易であり、反民主主義です。しかし誤解しないでください。この政権に対する止むことのないネガティブな報道が見逃している良い点もあるのです。効果的な規制緩和、歴史的な税制改革、軍事力強化などです。

しかしこのような成功例は、大統領のリーダーシップのスタイルによってもたらされたのではなく、彼のリーダーシップのスタイル――衝動的で、敵対的で狭量な、そして効果的でない――「にもかかわらず」もたらされたものなのです。

ホワイトハウスから行政府の各部署に至るまで、高官たちは、最高司令官であるトランプ大統領の日々の発言や行動に対する不信を個人的には認めるでしょう。ほとんどの高官たちは自分の仕事を大統領の気まぐれから遮断しようと努力しているのです。

大統領とのミーティングでは話題がそれたり、全く脱線してしまったりします。

彼は暴言を繰り返し、また彼の衝動によって、不完全な、情報不足の決定がなされ、また時にはあまりに無謀な決定のため、再検討が必要となったりするのです。

「彼の気持ちが1分後には変わってしまわないかが、全く分からないのです」とある機関の最高責任者は最近私にこぼしました。たった1週間前に下した重要な政策決定を、大統領が簡単に覆すことになるオーバル・オフィスでの会議にすっかり疲れてしまった様子です。

ホワイトハウスやその周辺に「隠れたヒーローたち」がいなかったなら、大統領のこのような不安定な振る舞いは、より大きな懸念をもたらしていたことでしょう。大統領周辺の高官たちの何人かはメディアによって「悪者」と描かれていますが、実は見えないところで、悪い決定がウエスト・ウイングの中に留まるように力を尽くしているのです。しかし彼らの努力がいつも成功するわけではありません。

この混乱した時代には大した慰めにはならないかもしれませんが、アメリカ国民には、政権内部には、大人もいるということを知ってほしいのです。私たちは、いま何が起きているのか、すべて分かっています。そして我々は正しいことをしようとしているのです。ドナルド・トランプがそうしなくとも、です。それは「2《ツー》コース大統領制」です。

例えば外交政策です。公式にも非公式にも、トランプ大統領はロシアのウラジーミル・プーチン大統領や、北朝鮮の金正恩のような専制君主や独裁者への好感を示しています。しかし、同じ原則を持つ友好国と私たちを結びつけている絆については、純粋な賞賛を示したことがほとんどありません。

明敏な観察者ならばもうお気づきでしょう。大統領以外の政権内部の者たちは、もうひとつの異なるコース上で働いていることを。このコースでは、ロシアのような国は、内政干渉について追及され、相応の罰則を与えられますし、世界の友好国は、競争相手として馬鹿にされるのではなく友人として遇されるのです。

私たちは、いわゆる「国家内国家」を運営しているのではありません。私たちが運営しているのは、安定した国家なのです。多くの人が、この間の不安定な政権運営を目撃した結果、政権内部では、合衆国憲法修正第25条を発動して、大統領を免職する複雑なプロセスを始めるべき、という考えがひそかにささやかれたこともあったのです。しかし早まって憲法上の危機を引き起こすことは誰も望みません。ですから我々は政府を正しい方向に動かしていくために、可能なことをしていくつもりです。——どんな形であれ——この状況が終焉を迎えるまで。

より深刻な問題は、トランプ氏が大統領のあり方に及ぼした影響ではなく、むしろ彼が私たちに対して行うことを、私たち国民が許してしまったことです。私たちは彼とともに低劣になってしまったのであり、私たちの言葉が礼節を欠くものになることを許してしまったのです。

「ジョン・マケイン上院議員の「最後の手紙」の中の言葉が一番よくこの状況を表しています。全アメリカ国民が彼の言葉を心に留め、私たちが共有する価値観とこの偉大な国に対する愛を通じて心をひとつにするという高い目標を掲げることによって、部族根性（トライバリズム）の罠に陥ることを避けなければなりません。私たちは、マケイン上院議員を失ってしまいました。しかし、私たちには、常に、彼というお手本があります。名誉ある公人を取り戻し、国民の対話を取り戻す道へと導いてくれる指針が。トランプ氏はこのような名誉ある人々を恐れているのかもしれませんが、私たちは彼らを尊敬しなければなりません。

現在政権内部には、「国のために」を第一に考える人々の静かな抵抗が存在します。しかし本当の変化は政治の世界の外に生きている一般の人々が、党派を超えレッテルを捨てて歩み寄り、ただひとつの目標「アメリカ人であること」に向かうことなのです。

（「ニューヨーク・タイムズ」2018年9月5日 Op-ed＝論説より）

論説のポイントを3つに整理すると、次のようになります。

（1）政権の多くの高官たちが、トランプの政治課題と性向を懸命に阻止しようとしている。「私」もその（高官たちの）一人だ。

（2）アメリカ国民には、政権内部には、大人もいるということを知ってほしい。私たちは、いま何が起きているのか、すべて分かっており、正しいことをしようとしている。トランプがそうしなくとも。それは「2コース（トランプとトランプでない人間が同時に米国の政策を推進するバイナリーな大統領制）」だ。

（3）いわゆる「国家内国家」を運営しているのではなく、安定した国家を目指している。政権内部では、合衆国憲法修正第25条の発動もささやかれたが、憲法上の危機は望まない。

この匿名高官は、政府を正しい方向に動かしていくためにみなで努力しているとして、トランプの政権運営を完全に否定し、「アメリカを俺様が防衛している」というトランプの頭から冷水を浴びせる内容となりました。

この論説を、トランプはカメラの前で強く批判しています。

政権メンバーが次々と大統領を批判する事態

論説を誰が書いたのか、当時、トランプの指示で徹底した犯人探しが行われました。

筆者は、複数のアメリカ人と論説の文体や使用されている語句について、意見を交わしましたが、だいたい意見が揃ったのは以下の4点です。

（１）論説の筆者は共和党員を支持している。
（２）言葉の選び方は洗練されており、Softer Words を多用し知性を感じさせる。
（３）言葉に Big Words（昔風の言い方）が少なく、年齢は30代か、その下の年代だろう。
（４）性別は分からない。少しだが女性的な言い回しが見られる。
（５）カッカして書いたものではない。

例えば、文中で用いられている「不完全な」は原文では half-baked で、これは英語では crazy（狂気じみた）という意味の最も穏やかな言い回しです。このようなことからも、言葉を選んで冷静に書かれたものであることは、明らかでした。

書いたのは、２０２１年１月６日の議会襲撃事件でトランプと袂《たもと》を分かったマイク・ペンス副大統領ではないか、との観測も流れました。ペンスがレーガン主義者だからですが、これにはペンス副大統領自身が声明を発表して否定しました。

結局、この「匿名高官」は２年後の２０２０年10月に自ら名乗り出て、国土安全保障省で働いていたマイルズ・テイラー元首席補佐官だったということが明らかになります。テイラー元首席補佐官は執筆当時は共和党員（現在は無党派）であり、Op-edを執筆した当時は32歳ぐらいですから、「30代かそれより若い」という筆者たちの推理は正しかったということになります。

また、経歴的にはインディアナ州生まれで、大学では国家安全保障学の学士号を取り、優秀な成績で卒業しており、「知性を感じさせる」との考えも正しい推論でした。

テイラーは、トランプが伝統的な共和党の価値観を持っていないという事実をさまざまな場面で間近に見て、「匿名」という形ではありましたが、トランプ政権の内部からトランプ大統領を告発し、民主党のジョー・バイデンを支持すると表明した最初のトランプ政権元官僚となりました。

この後、政権メンバーでありながら、自分の名前を公にし、トランプ政権を堂々と批判しながら辞めていく人間が次々と現れる道筋をつけた人物という言い方もできそうです。

ということで、トランプ第4ステージにおいて、政権は内部に、「匿名」とはいえ、公に大統領を正面から批判する人間が現れる状況になりました。

トランプが再選される可能性もあるいま、私たちは、本来のアメリカ共和党が大切に思う精神とトランプの言行は必ずしも一致せず、トランプに対してこう発言したり行動したりすれば、トランプが言うことを聞くという「トランプ操縦の法則」も存在しない、という事実を、あらためて心に刻みつける必要がありそうです。

追い詰められ、身内以外を一切信じなくなる

トランプ大統領は、このOp-ed事件によって心を病んだようになって、イヴァンカやクシュナーなどの身内以外は一切信じられないという精神状態にまで追い詰められたようです。

それによりトランプ第4ステージの基本形態はますます強化され、トランプが自分ですべてを決める政治形態が極まっていきました。

これまでは、バノン戦略官にしろ、マクマスター補佐官にしろ、あるいは就任直後のボルトン補佐官にせよ、舵を握る操舵手、あるいは車のハンドルを握る運転手が存在していました。その操舵手なり運転手なりが、背後で踏ん反り返るトランプの自己慢心の

考えを翻訳し、下部組織やマスメディアに伝えてきたわけです。

政権発足から過去1年4カ月強は、そうした形で政権運営上のノーマルな状態がかろうじて維持されてきました。しかし、米朝会談の開催「成功」で自信を深めていたトランプ大統領を襲った「Op-ed 事件」はドナルド・トランプの特異な性格をさらに強化することになったのです。

ホワイトハウス筋によると、トランプはこの時期、会合日程などを予定表に自分で書き込み、スケジュール管理までしていたそうです。

このトランプ第4ステージの補佐役となったのが、テレビや新聞などでもトランプの横に立つ姿がしばしば見られた女性、マデリーン・ウエスターハウトです。

マデリーンは1990年、カリフォルニア州の生まれで、トランプの個人秘書を務めました。2013年にサウスカロライナ州にあるチャールストン大学で政治学の学位を取って卒業した後、ワシントンDCに来ます。フィットネス・トレーナーとして働いたのちに、共和党のミット・ロムニー陣営やRNC＝共和党全国委員会で働きました。

いわゆる「人たらし」だったようで、2015年には共和党全国委員会のケイティ・

ウォルシュというやり手の首席補佐官のアシスタントの一人にのし上がります。これが縁となって、2017年1月にはSpecial Assistant and Executive Assistant to the President、つまり、大統領特別補佐官兼上級補佐官の地位に就き、28歳にして年額13万ドルという高給を手にします。

閣僚であっても彼女がOKしないとトランプには会えないといわれるほどで、側近中の側近ともいえる個人秘書として、トランプを補佐しました。

トランプ自身が、「マデリーンはすべての鍵だ。彼女はいまや、（トランプのお気に入りの上級顧問の）ケリーアン・コンウェイよりも力があるよ」と褒めたことがあります。ちなみにマデリーンには、マティス国防長官と同じマッド・ドッグ＝狂犬というあだ名がつけられていました。

トランプ第4ステージのホワイトハウスは、トランプとマデリーンの二人三脚で動いていました。もちろん、トランプ以下の組織はそのまま存在していましたが、この時期、ボルトンもケリーもコントローラーとは言いがたい存在になってしまいました。

トップが人の忠告を聞かず、自分の直感だけで政権課題を提示し、下部組織はそれをただなぞって動くという事態が、数カ月続きました。

コントロール不能、崩壊の危機に瀕していた政権末期

そして政権は、最終段階の第5ステージに至ります。トランプ第5ステージの人員の特徴は、「代行」職がやたら多いということです。首席補佐官が「代行」、国防長官も「代行」が続きました。トランプ大統領は首席補佐官や国防長官に信頼が置けなくなり、政権は、もはや誰もコントロールできないまま飛行を続ける航空機と化していました。そのような状態が、バイデンに敗れるまで続いたのです。

この時期、それでもなんとか政権の指揮を執っていたのは、トランプの盟友といわれる顧問弁護士、ルドルフ・ジュリアーニ元ニューヨーク市長と、トランプ政権最後の首席補佐官を務めたマーク・メドウズでした。

この2人は現在、バイデンに敗北した後の、トランプの「選挙は盗まれた」という主張を抑えるどころか、逆に火のないところに煙を立て、「選挙人詐欺」の裁判にかけられています。

官僚として最高の地位にある首席補佐官や大統領の顧問弁護士が「大統領が指示した選挙詐欺」に主導的に手を染めたと疑われ、裁判にかけられるのは、アメリカ政治史上、前代未聞の話です。

そこではもはや、本物の共和党の精神は完全に追いやられてしまいました。自分第一でエゴが膨れ上がり、何が正義で何が悪かも分からない老人と、彼を金のなる木と崇める〝悪い奴ら〟が結託し、狂信的な支持者たちを煽り、議会を襲撃させるような、一種のカルトともいえる集団が形成されてしまいました。

発足から4年間、切羽詰まった本物の共和党員たちが汗水垂らして辻褄を合わせながら組み立ててきた政権は、末期にはほとんど崩壊の危機に瀕していました。

トランプが再選され、それがもう一度繰り返されるかもしれないと考えると、眩暈《めまい》がしてくる人も少なくないでしょう。

さらに深刻なことに、トランプ第5ステージでは、ここまで述べてきたこと以上に大きな問題が起きていました。次章では、いまもなおトランプに影響を与えているその問題について、分析していきます。

第三章　オルバン主義者に乗っ取られた共和党

怒れるゴルバチョフの襟をつかんだ思い出

もう17年も前のことです。ロシアのミハイル・ゴルバチョフ元大統領に単独インタビューする機会がありました。

アメリカとソビエトの冷戦の末期に、レーガン大統領とゴルバチョフ書記長の首脳会談や、その下部レベルの米ソ外相や官僚たちの動きを日々追い続けた経験があったので、ゴルバチョフと顔を合わせたことはありましたが、自分の究極の取材相手が目の前にいるのは、ちょっと不思議な感じがしました。

筆者に気負いがあったせいか、その日のインタビューはぎこちない感じで始まりました。

ところが、数分して、筆者の質問（いまではそのとき何を尋ねたかも覚えていないのですが）が癇《かん》に障った様子のゴルバチョフは、「くだらない質問になど答えられるか」とロシア語で怒ると、背広につけたマイクを引きちぎって、座っていたソファ型の椅子から立ち上がろうとしました。

ゴルバチョフ元大統領へのインタビュー（2007年6月12日 東京都内 筆者提供）

筆者は慌てました。

まだテープを回して2分程度だし、これでは放送にならない。それに、「記者の質問に下手な質問はない。下手な答えはあるが」と言うではないか。これは理不尽な怒りだ。そう思った筆者は、どうしようかと考えるより早く、ゴルバチョフの背広の両襟をつかむと、強引に椅子に押し戻すように座らせたのです。

とっさのことに、ゴルバチョフは度肝を抜かれた様子でした。筆者は同時に「無礼はお詫びしますが、私は冷戦の終結を達成したあなたの本当の想いをお聞きしたいのです」と食い下がりました。

ゴルバチョフは筆者の目をじっと見て、いいだろうというように軽く頷くと、私に質問を続けさせ、何事もなかったかのように答え始めました。

そこからは、インタビューはスムーズに進みました。そして彼はこう発言したのです。

「世界政治に憲兵は必要ありません。必要なのは、話し合い、合意、コンセンサスなのです。対話を続け、外交的・政治的な問題の解決に達するという忍耐こそが重要なのです」

思えばたったいま、ゴルバチョフは決裂しかかったインタビュー、対談を忍耐の対話に持ち込んでみせたのです。筆者はこの人の発言は本物だと思いました。対談は最後は握手で終わり、筆者は自分の無礼をもう一度詫びました。ゴルバチョフは子どものような顔でニコニコしていました。

ゴルバチョフが2年前に91歳で亡くなったとき、筆者はこの対談を思い出しました。背広の両襟をつかんで彼をソファに座らせた記者は、世界広しといえど自分だけだったろうな、と考えながら、彼が本物の国際政治家であったことを偲んだのでした。

どうしても独裁者に引かれてしまう、トランプの心の闇

21世紀も4分の1が過ぎようとしている現在、ゴルバチョフのような本物の国際政治家を見つけるのは難しくなったと思います。SNSやAIが進化・普及し、世界は小さくなる一方なのに、政治の世界では、排外的な独裁的ポピュリズムを実行しようとする政治家が人々に重んじられるという矛盾が起きています。

グローバル化には、移民や難民の大量発生という問題が、どうしてもついてまわります。それに対して、「彼らは犯罪者となって、我々の社会を不安定にする」と言い立てる者も現れます。

国民がそのような人物を祭り上げ、力を与えてしまうという現象が、国際社会のあちらこちらで起きています。気がつけば、世界は、そうやって権力を得た権威主義者、はっきり言えば独裁者が闊歩する時代を迎えてしまいました。

最初から問題意識を持っていたわけではないのですが、筆者が記者として追ってきたテーマのひとつは、結果として、このような独裁者たちが世界に害悪をばら撒く動きだったと、振り返って思うことがあります。

国際テロではウサマ・ビンラディンの動向を殺害されるまで報じ、イラク戦争ではサダム・フセイン大統領の動向を追跡しました。20世紀型の古い独裁者だった、フィデル・カストロ議長にキューバまで会いに行ったこともあります。

映画『スター・ウォーズ』では、ダース・ベイダーという権威主義的悪者の子ども時代からの一生が描かれます。青年時代の事件がきっかけで悪の道に入り、ダークサイド=暗黒面に落ちて悪の騎士になっていくのが物語のハイライトです。

『スター・ウォーズ』のエピソード1からエピソード6までの監督・製作を総指揮したジョージ・ルーカス監督にお会いしたことがあり、「悪」(Evil)という概念ひとつだけにテーマを絞ってインタビューをしました。

ルーカス監督は次のように話してくれました。そのやりとりの一部を書き起こしてみましょう。

松本　ダース・ベイダーを通して闇の力のどのような点を描き出したかったのでしょうか?

ルーカス　私が関心を持っているのは、正しく行動しているつもりでも、実際は悪をなしてしまう人々の葛藤です。「悪い人間」の多くは自らを「善人」と考えています。自分たちの行動が他人を傷つけていることや、自分勝手に、強欲に振る舞っていることに気づかないのです。我々が受け入れなければいけないことは、「変化」であり「何かを永遠に所有することはできない」ということです。ダース・ベイダーは受け入れられず、闇の世界に入っていくのです。

松本　映画の製作中、「暗黒面」に誘惑されませんでしたか？

ルーカス　大丈夫でしたよ。「暗黒面」と「光明面」は私たち全員の中にあります。利己的な正義心にすべてを乗っ取らせないことが大切です。同時に１００％の思いやりを持って振る舞い、困難なことを受け入れても、常に自分勝手な部分が残っていることを心に留めることが大事です。それも人間の一部ですから。それを受け入れ、同時に思いやりを持った人間になる努力をして、自分勝手に振る舞うことを避けるようにすれば、より良い人間になれるのです。

筆者はルーカスの「悪」についての考えを、とても深くて優れていると思いました。自分が正しいと考えて、がむしゃらに悪をなす人々は実社会にも存在しています。

アメリカ政治からは少し離れましたが、ここまで独裁者について述べてきたのは、ドナルド・トランプという男が、どうしても独裁者に引かれてしまう心の弱さ、闇の部分を持っていると考えるからです。

ハンガリーの独裁者オルバン首相がトランプに接近

人は、弱気になったときには、優しい声をかけてくる人間を受け入れがちです。前章で述べた、第4ステージから第5ステージのトランプ大統領が、まさにそうでした。

トランプに忠誠を誓うヒラメ（自分の出世のために上司の顔色ばかり気にしてこびへつらう人）のイエスマン以外、一人また一人と政権を離れていったこの時期、政権はレイムダックになってしまった観があり、さしものトランプも精神的にかなり参っていました。

この心の隙間を衝いて、一人の欧州の独裁者がトランプに近寄り、その後トランプにピッタリと寄り添って、共和党まで乗っ取ることになったのです。

その人物の名は、ビクトル・オルバンといいます。

オルバンは1963年5月31日生まれ、2024年現在で61歳です。極右ポピュリストのハンガリー首相です。

若い頃は民主運動家として社会主義・共産主義体制への抵抗運動をしたこともあります。1998年から2002年までハンガリーの首相を務め、2010年に再び首相に就任します。首相2期目に入ってからの言動が、常に議論を巻き起こしています。

以下は、ハンガリー生まれのオーストリア人ジャーナリストのパウル・レンドヴァイが2017年に出版した *Orbán: Europe's New Strongman*（オルバン――ヨーロッパの新たな実力者）からの抜粋です（筆者訳）。


2014年7月末、オルバンはルーマニアで開催されたハンガリー系若者の恒例の夏の集会で演説を行ったのを機に、ガラリと態度を変えた。この演説で、オルバンは民主主義者の仮面を脱ぎ捨て、国家主義的、ポピュリスト的、権威主義的政権の崇拝者としての本性をついに明らかにしたため、その荒々しい口調により世界中に悪名を轟かせた。その中でオルバンは自由民主主義の完全な否定を宣言し、「非自由主義国家」を樹立するという目標を発表した。

（同書14章より）

このようにオルバンは、ソフトオートクラシー（緩やかな独裁主義）と呼ばれる権威主義をハンガリー社会に持ち込みます。自らの権力を強化しながら、特に司法権力とメディアを抑制する動きを取り、移民を排斥し、国際社会の〝良識的陣営〟からの批判を受けてきました。

「彼は尊敬される男、タフな男」

〝独裁者〟オルバンとトランプが初めて会ったのは、トランプが大統領に正式就任してから2年後の2019年のことです。

トランプ政権の前のオバマ政権は、独裁色を強めつつあったオルバンを敬遠し、トランプも就任直後には欧州の数多くの首脳をホワイトハウスに迎えましたが、最初の2年間はオルバンと会おうとしませんでした。

これは、トランプ自身というより、政権の初代国務長官だったレックス・ティラーソンの判断によるものでした。ティラーソンは、ロシアとその周辺地域を熟知していたため、ロシアのプーチンと近しい関係にあるオルバンに会う必要を感じず、その存在を歯牙にも掛けなかったのです。これは正しい態度だったと思います。

国務長官が替わって、トランプが興味のあることは何でも実行するマイク・ポンペオが就任したことで、ハンガリー政府によるアメリカ国務省へのロビー活動もようやく功を奏することになりました。2019年5月13日、トランプはホワイトハウスにオルバンを招き、初会談が行われたのです。

「ハンガリーの首相が私たちと一緒にいることを大変光栄に思います。彼の言動は、私のように少し物議を醸していますが、それは問題ありません」というのがトランプの第一声でした。

記者団からはトランプに対して、「この首相のもとでのハンガリーの民主的な後退を懸念していますか」との質問が飛びました。トランプは「人々はこの首相をとても尊敬しています。彼は尊敬される男です。そして、私は彼がタフな男であると知っています」と、この質問を軽くいなしました。

オルバンも「人々を主体に、人々による、人々のための政治。これがハンガリー政府の基礎なのです」と上機嫌に応じました。

移民・難民を排斥し、国境に壁をつくる

このとき以来、トランプはオルバンと何度も肩を並べることになります。会談で２人の〝化学反応〟は最高のマッチングを見せたのです。

２人の話が合うのは、当然といえば当然のことでした。

前述のパウル・レンドヴァイ著『オルバン』では、オルバンは「チームプレイヤーではなく、自分の力のみを信頼し、友人や同僚に絶対的な忠誠を求めるリーダーだ」「誰が味方で誰が敵かを決定する権利と権力を持ちたがってきた」と書かれています。

こうした性格、思考の仕方は、まるでトランプの双子の兄弟のようです。

また、２０１３年７月13日付の「ウォール・ストリート・ジャーナル・ヨーロッパ」

のインタビューで、オルバン首相は自分の役割を次のように語っています（筆者訳）。

私のような人間は、何か意味のあること、特別なことをしたいと思っています。歴史は私にこの機会を与えてくれました。（中略）指導的立場にある私は常に歴史的な課題に直面してきました。（中略）危機においては組織によるガバナンスは必要ありません。必要とされているのは、危険な決断を下さなければならないと国民に告げる者であり（中略）そして私について来いと言う者です。（中略）いま、強力な国家指導者が求められています。

トランプの大統領演説といってもそのまま通用しそうな内容です。

特筆すべきは、オルバンが２０１５年、シリアとイラクから数万人規模の大量の難民が出て、夏から秋にかけて欧州を巻き込んだ難民危機が発生した際に、「大勢の外国人が私たちを圧倒し、私たちの文明を脅かしている」と演説し、移民や難民によるテロの恐怖をハンガリー国内で煽り、国境にフェンスを設けることを進めたという事実です。

これによって国内のオルバン政権への支持率は上昇し、政権への風当たりを好転させることに成功しました。

これもまた、どこかで聞いたような話では、と思われるのではないでしょうか。アメリカとメキシコの国境沿い3200キロメートルに壁を作って、暴力組織やテロ集団がアメリカに入国できないようにする、というトランプの主張・行動とそっくりです。

共和党内MAGA勢力がオルバンに心酔

初会談の後、頻繁にオルバンに会うようになったトランプは、オルバンを共和党のMAGA（Make America Great Again）勢力や自分の信頼する政治関係者に紹介してまわります。トランプは、オルバンを、自分の考えている政治を現実に欧州で進めているロールモデルとし、結果的に共和党内に「オルバン主義」とでも呼ぶべき考え方を浸透させていったのです。

一般に共和党の保守と分類されるMAGA勢力の人々は、オルバンを尊敬し、オルバンが独裁主義であることすら否定し、「保守派が彼について好きな点は、彼が実際にE

Uの専制政治に対して、国民の自由のために立ち上がっているということだ」と称賛するようになりました（この発言自体は、オルバン研究者であるプリンストン大学の社会学者マット・シュラップによるもの）。

２０２２年８月には、オルバンはテキサス州ダラスで開催されたCPAC＝保守政治行動会議という、保守派や極右の思想家、政治家が一堂に会する最大規模の国際集会のひとつで演説をするまでに至りました。ちなみに、この会議の責任者はシュラップ教授でした。

このとき、オルバンはアメリカの保守派を応援し、「制度を取り戻し、同性愛者の権利と移民に対する強硬な姿勢を崩さず、保守派の信念にとって極めて重要な瞬間である次のアメリカ大統領選挙のために戦うよう」に促して、会場の共和党員や共和党議員から大きな拍手を浴びました。

非民主主義のために戦う極右首相に熱狂的な歓声とスタンディング・オベーションが向けられた瞬間、オルバン主義を信奉するアメリカの議員とオルバンは一体化したといえるでしょう。

オルバンはEUでは、ロシアのプーチン大統領に最も近い存在で、プーチンを何度もブダペストに迎えています。共和党の保守穏健派は、そのことが将来どんな災厄を生むかを危惧しましたが、共和党内のオルバン主義者にとって、オルバンはトランプが贔屓にしている人物で、尊敬する存在であり、プーチンとの関係など、全く心配するに及ばないことだったようです。

CPACは、2022年初めには、ヨーロッパで最初の会議を開催しています。会議の場所をハンガリーのブダペストに選んだのも、トランプ＝オルバン関係があったからでした。

その1年前にはFOXニュースの有名キャスターだったタッカー・カールソンが、ブダペストから放送しています。彼はFOXを辞めた後も、トランプの事実上のメディア担当としての活動を続けています。

アメリカ共和党は、欧州の独裁者が運営する国に自分たちが癒やされる別荘を見つけたようでした。

議会襲撃事件を経てオルバン主義の集団に変容したMAGA

筆者は、MAGAを、過去の共和党の保守本流が信じて大事にしてきた保守主義とは大きく異なる、一種のカルト系保守運動組織だと見ています。オルバン流の独裁主義と接触したことで、MAGAはさらに化学変化を起こしました。

トランプはオルバンを知り、その思考を気に入り、関係を深めていく中で、オルバンとその政権を、自分の政権づくりの本格的な手本とするようになっていきました。

同じMAGA運動と呼んではいるものの、2020年と2024年とでは、MAGAの性質はかなり違います。

第1期トランプ政権の第5ステージで首席補佐官を務めたマーク・メドウズやトランプの顧問弁護士だったルドルフ・ジュリアーニら関係者は、2021年1月6日のMAGA活動家による議会襲撃事件や、ジョージア州での選挙結果の乗っ取り計画への関与が問われています。

裁判にかけられたり収監されたりするなど、上層部が身動きが取りにくくなる中で、生き残りをかけたMAGAは、オルバンの活動に賛意を示し、オルバンの戦術を自分たちの中に取り込もうと努め、オルバン主義の集団に変わっていったのです。

筆者は2003年に、キャスターを務めていた『ニュースJAPAN』をスタジオごと1週間ニューヨークに移して、同時多発テロ後のアメリカの鼓動を現地から伝えるという、当時としてはかなり画期的な番組を企画・立案し、放送しました。

このとき、同時多発テロ発生当時、ニューヨーク市長だったジュリアーニをスタジオに招き、「アメリカが攻撃された日」について語ってもらいました。

ジュリアーニはたくさんのお供を引き連れて、時間通りに現れました。そして、航空機が激突して燃え盛るワールド・トレード・センターから、人々が熱さに負けて次々と死のダイブをするのを自分の目で見ていたことを、重々しく語ってくれました。別れ際に交わした握手は「この人が歴史の一部なのだ」と思わせる重い感触がありました。

そのときのジュリアーニと、トランプの腰巾着になって「2020年の大統領選挙はトランプが勝った」という幻想をトランプに吹き込み続け、人々にも嘘を吹聴して民主主義の根幹を崩そうとしたジュリアーニとは、筆者の頭の中ではどうしても結びつきません。

共和党の闘士で、一時は間違いなくアメリカ大統領になるだろうと噂された男が、大統領選が終わった2020年11月、トランプを弁護する1時間半もの会見を行い、バイデンの選挙不正など、あることないことを語りながら、染めた髪から黒い汗を流す様子は、まさに狂気じみていました。人間として正しく生きていくことの難しさを感じずにはいられませんでした。

トランプと金正恩、米朝首脳会談の驚きの舞台裏

現在の共和党は、もはや共和党と呼ぶに値しない保守運動を呑み込み、オルバン主義の集団に変容してしまったように見えます。

トランプ前大統領とオルバン首相の仲を取り持つ役割を担っているのは、保守系シンクタンクの「ヘリテージ財団」です。彼らは2024年4月にも、CPACの欧州講演をブダペストで主催しました。

その1カ月前の3月には、他国の内政には干渉しないという外交上の暗黙のルールを破り、オルバン首相はバイデン大統領のいるホワイトハウスを無視し、トランプのフロ

リダの別荘マー・ア・ラゴへトランプを訪ねて会談しています。これはその後の彼の大胆な動きの始まりでした。

公開された会談の写真（次ページ参照）では、トランプとオルバンが各々のスタッフと一緒に向き合って座っています。後の章で説明するトランプの選挙参謀の他に、気になる人物がいます。真ん中の写真では中央に一人だけこちらを向いて写り、下の写真では、右端に写っています。

座っている位置とノートを広げて筆記用具を手にしている様子から司会者の役割を担っていたと思われます。この人物は、トランプ陣営の政策研究機関である「AFPI（アメリカファースト政策研究所）」で外交政策担当の代表を務めるフレッド・フライツです。

第1期トランプ政権時代の2018年5月、ジョン・ボルトン元国家安全保障問題担当大統領補佐官が、保守派の論客として知られるフライツをホワイトハウスに雇い入れました。第二章でご説明した第1期トランプ政権の第3・4ステージの時期にあたります。フライツは国家安全保障会議の事務局長というポジションで、ボルトンとは気心の

オルバン首相とトランプ前大統領
（2024年3月8日 トランプの別荘にて ©TRUMP CAMPAIGN）

オルバン首相とトランプ前大統領の会談の様子 © ハンガリー政府報道室

オルバン首相とトランプ前大統領の会談の様子 ©TRUMP CAMPAIGN

知れた仲でした。

ところが、同じ時期にボルトンが国家安全保障問題担当の副補佐官に起用したミラ・リカルデル（第二章P58‐59の図参照）は、フライツとたびたび衝突、ひどいパワハラにフライツは嫌気がさし、わずか5カ月で辞職してしまいました。

このときのリカルデルについて補足すると、彼女は、そもそもマティスが初代国防長官に就任したときには、国防総省の政権移譲を担当し、長官の出す人事案をことごとく否定した人物として知られています。ボルトンの下に移った後には、「マティスはクビ切り候補」とメディアに流したことでも知られます。

リカルデルは、国家安全保障問題担当大統領副補佐官に就いて数カ月で、「ホワイトハウス内で最も嫌われている人物」と陰口を叩かれるようになりました。

2018年10月、メラニア大統領夫人のアフリカ訪問の際には、夫人の飛行機に自分の座席がないと知ったリカルデルは、国務省の「現地合流せよ」との指示に怒り、メラニア夫人の部下を脅して飛行機から降ろし、自分が乗り込みます。さらには、夫人の悪口をメディアにリークする行動にも出たのです。

この事実はあっという間に広まり、メラニアの意向でリカルデルがクビになるという異例の人事が行われました。

このとき、ボルトンは、フライツが辞めてしまったこともあり、「リカルデルには良いところもある」と寛大な措置を願い出ましたが、いじめ問題に取り組む「ベストをつくせ」（"Be Best"）運動に関わっていたメラニアは一歩も譲らなかったといわれます。

トランプ第1期政権は、こうした人事面のゴタゴタが絶えない政権でした。国家安全保障問題担当の副補佐官と国家安全保障会議の事務局長の2人が「パワハラ案件」で消えるというのも異例ですが、そこへ大統領夫人が関わってくるところがまたトランプ政権らしいといえます。

フライツは辞職後は、トランプの政策研究機関で働き、その流れで、オルバンとの会合に参加したと考えられます。

第1期トランプ政権では、どんな外交政策も、トランプ以外の人間が政府外で言及するような場合には、「あくまで個人的な意見だが」との「断り」を入れる必要があり、「慎重さ」のない見解は様子を見ることが大切でした。

トランプ自身がどう出るかが、結局最後まで分からないからです。

例えば北朝鮮情勢では、ボルトン大統領補佐官が強く「制裁」政策を主張したために、トランプはボルトンの政策を百八十度転換して、突然、金正恩との会談に臨むと言い出しました。

その後、当時のポンペオ国務長官が北朝鮮側と対話を重ねますが、北朝鮮との協議は、「米朝首脳会談」を開催することが前提にあり、北朝鮮の核施設の申告や破壊の話は後回しという、安全保障協議ではおよそ考えられない経過で展開したため、結局、首脳会談を持ったということ以外には、何の成果もありませんでした。

現在は北朝鮮側も、トランプが返り咲いても同じ「対話」路線に出る気はないと言っています。

プーチンを師とし、習近平とも関係を深めるオルバン

トランプ前大統領は、ホワイトハウス内の人心が自分から離れていっているときに、自分に接近し気持ち良く持ち上げてくれるからという理由で、共和党の議員や外交関係

者にオルバン首相の「非民主主義」的政治に賛同するよう求めました。

しかし、先述したようにオルバンは、プーチン大統領に接近し、個人的関係まで築いている人物であり、それはあまりに危険なトランプ流です。

フレッド・フライツが司会者の役割を務めた、3月のトランプとオルバンとの会談の内容は、公式には発表されていませんが、オルバンは「ロシアとウクライナの戦争が議題になった。トランプは再選されたらウクライナ側に1ペニーも援助しないと言っていた」と述べています。

この発言はNATO関係者を激しく動揺させました。大統領選挙の投開票の8カ月も前に、現政権との二重外交にあたるような発言をして国際社会を動揺させるのは、明らかにルール違反です。

東欧と中東で歴史に残る戦争が同時に展開しているような危険極まりない状況で、トランプの場当たり的外交が再開すれば、国際社会は想像を絶する大混乱に陥る可能性があります。

その後7月から、ハンガリーはEUの欧州理事会の議長国となります。それを良いことに、オルバンによる、「平和を探る旅」と称するパフォーマンスが始まりました。

まず7月2日、突然にウクライナを訪れ、ボロディミル・ゼレンスキー大統領と強引に会談します。

「ウクライナ和平のために話し合いが大切」と合意したオルバンは、その足で7月5日にロシアのプーチン大統領と会談しました。表向きにはウクライナ和平を重視するとの合意を発表しながら、同時に、ウクライナ東部のロシア軍の占領地を放棄せよとウクライナ側に迫る、「プーチンの和平案」を世界に垂れ流しています。

さらに8日には、中国の習近平国家主席を訪問し、ハンガリー、ロシア、中国間で、ウクライナを巡る連携を固める協議を行っています。

そして7月11日、ワシントンDCで開かれたNATO（北大西洋条約機構）の首脳会議に出席したオルバンは、わざわざトランプに会うため、再びフロリダのトランプの別荘に飛んで行ったのです。

オルバンが「師匠」とするのはプーチンです。オルバンとプーチンは、知り合った後にプーチンが幾度もブダペストを訪れるなど、仲が良いことで知られてきました。このためオルバンのEU議長国としての一連の動きの仕掛け人はプーチンかもしれないとの憶測も呼びました。

オルバンの動きに対しては、ドイツの外務報道官などEU関係国から、「弊害が出始めている」と強く非難する声が上がりました。EU議会は、7月17日に、共通の外交政策などを定めたEU条約への露骨な違背だと、オルバン首相を非難する決議を採択しました。

オルバンが建前として「ウクライナ和平の道を探る」ことを掲げながら、その裏でプーチンと手を結び、EUやアメリカを掻き回そうとしているのではないかと、各国から強い反発と警戒感が示されています。

オルバンが議長として非公式会合を開こうとしても、EUの閣僚にあたる欧州委員をハンガリーに派遣しないことなども決まりました。

オルバンとトランプの7月11日の会談を「両者はウクライナ和平が大切であることを確認した」「オルバン首相は『トランプ前大統領はウクライナ戦争を解決しようとしている』と述べて、トランプの再選に期待感を滲ませた」とだけ伝えた日本のメディアが

オルバン首相とトランプ前大統領
（2024年7月11日 トランプの別荘にて オルバンのX投稿より）

ありました。

率直に言って、この会談を垂れ流すのは、ロシアに加担する危険性を孕《はら》むものであると同時に、トランプの大宣伝の片棒を担ぐことでもあり、その危険性が分からないのなら、そもそも報道など止めた方がよいと思わされました。

悪意を持つ人間あるいは組織の発言を、「客観的報道であればいい」という理由でただ垂れ流すのは、「公平・公正」からはかけ離れており、21世紀のメディアのとるべき態度ではありません。

客観的報道はもちろんイロハのイです。しかし、昨今のように、それを乗り越えてくる

〝悪質な意図〟が多々ある状況では、その悪質さを明確にするための〝客観的な主観報道〟も必要なのではないかと、筆者は考えています。

オルバン主義者は共和党議員の半数程度

筆者が考える通りにMAGA＝オルバン主義とすると、アメリカ議会内の「共和党」勢力には、どの程度のオルバン主義者が存在しているのでしょうか。

その概要を数字で追ってみたいと思います。

まず、2024年8月現在、議会上院には定数100人に対して、共和党員が49人、民主党員が48人、無所属が3人存在します。

一方の議会下院は、定数435人に対して共和党議員が221人、民主党議員が212人、欠員が2人となっています。

ただし、欠員が出たり、その補欠選挙が行われたりして、数字は上下することがあるので、以下はそれぞれの投票時点の話で、傾向を把握するためのものと理解してください。

いまご説明した数字では、共和党議員は全部で270人存在することになります。

まず明確な数字として示せるのは、アメリカ議会がバイデンの選挙人票を数えることで2020年の大統領選挙の結果（バイデン勝利）を証明しようとしたとき、実に147人の共和党議員が正式に反対したという事実です。

彼らは、トランプの顔色をうかがいながら民主主義の行使を妨害しようとした、MAGAの息のかかった政治家（MAGA議員）といっていいでしょう。

彼らの中には現在までに議員を引退した人などもいて、今回、2024年に再選に臨んでいるMAGA議員は117人程度、つまり共和党議員の半数弱です。

MAGAが変容したオルバン主義議員の特徴は、いろいろありますが、特にウクライナ戦争に無関心ということが挙げられます。ウクライナにアメリカ国民の税金を注ぎ込むなど愚の骨頂というのが彼らの理屈です。

そこで、今年可決されたウクライナ支援法案に上院と下院で何人の共和党議員が反対したかの概数を分析してみました。

49人中41人がトランプ支持とされる上院議員のうち、ウクライナ支援法案に最終的に賛成したのは31人、最後まで反対したオルバン主義の議員は15人、投票をしないで逃げた共和党議員が3人でした。

一方、議会下院の共和党の方は、最終的に支援に賛成した議員が101人、反対した議員が112人、投票しなかったりした議員が5人、空席が4つありました（この時点では共和党議員は222人でした。直後に一人引退しましたので8月の数字とずれます）。

上院と下院の反対派共和党議員の合計は、15＋112＝127人で、オルバン主義の議員は共和党議員のおよそ半数程度は存在していると見なしていいと思います。

逆にいえば、トランプには忠誠を誓うものの、真情は別のところにある議員も半数程度いる可能性があるということになります。共和党大会の最大のテーマが党の結束をうたうところにあったのは、こうした党内の呼吸の合わない感じを映し出したものといえそうです。

トランプが落選したら共和党は目が覚める?

共和党の副大統領候補になったJ・D・バンスも、5月19日のアメリカCBS放送の報道番組『Face the Nation』でのインタビューで、「保守派が大学の左翼支配にうまく対処するのに、最も参考になるのはハンガリーのビクトル・オルバンのアプローチだ」と言いました。「納税者がこれらの大学でのお金の使い方に影響力を持つべきだという考えは全く合理的であり、アメリカはオルバンから学ぶことができるでしょう」と、オルバンの政治手法を最大限に褒めちぎっています。

こうやって見てくると、共和党のオルバン主義者たちは、オルバンの魔法にかけられたトランプのせいで、誤解と混乱と錯覚を起こしているように思われます。

アメリカという国は、超大国としての矜持を持った国であったはずで、その矜持を失わないために、歯を食いしばって頑張る（英語でbite the bullet「弾丸を嚙む」という表現があります）不撓《ふとう》不屈《くつ》の精神を誇っていました。

それが東欧の小国の現代型独裁者の統治に憧れ、権威主義的な国家をつくろうとしているのは、あまりに情けないことです。

トランプが今回の選挙に落選したら、多くの共和党議員と共和党員は、苦しみの中で目が覚めるのではないか。「あと4年なら我慢できる共和党」ではなく、この4年間で

21世紀の民主主義を柱に据えた希望あふれる秩序をつくろうとする、保守本流の共和党に戻れるのではないか。筆者はそんなふうに考えています。

第四章　トランプ暗殺未遂とハリス登場

トランプがどんな人間かがよく分かった瞬間

２０２４年7月13日土曜日、午後６時15分頃、アメリカ北東部にある「要石の州(Keystone State)」と呼ばれているアメリカ大統領選挙の激戦州の一つ、ペンシルベニア州バトラーで行われていたトランプ前大統領の集会で、突然、複数の乾いた発砲音がこだましました。

演説中だったトランプ大統領は「おお」とつぶやいて右耳を押さえた後、慌てて演台の下にしゃがみ込みました。２秒後にはシークレットサービスが彼をカバーして守ろうと飛びかかり、辺りは騒然となりました。トランプ自身が、このときの状況を、事件直後に行われた共和党大会の中で語っているので、引用します(筆者訳)。

それは夕暮れ時の暖かく美しい夕方だった。音楽が大音量で流され、キャンペーンは実に好調だった。私がステージに上がると、聴衆は大歓声を上げていた。誰もがハッピーだった。私はとても力強く、エネルギーいっぱいで、楽しく話し始めた。

狙撃された直後のトランプ前大統領（2024年7月13日 ©AFP=時事）

（中略）

私の背後と右側には大きなスクリーンがあり、アメリカ国境の通過人数のグラフが表示されていた。そのチャートを見るために、私は右を向き始めたが、それ以上右に向かなかったのが幸いしたんだ。

大きなヒュンヒュンと風を切る音が聞こえ、右耳に何かが強くあたったと感じた。私は「おお、これは何だ？　銃弾に違いない」と自問自答すると、右手を耳にあてて下ろした。私の手は血まみれだった。まさに血まみれだった。私は直ちに、これは大変なことだ、攻撃を受けていると悟った。直後に一気に地面にしゃがんで伏せた。

大統領候補がここまで自分の暗殺未遂事件を細かく語ったことは過去に例がありません。筆者は、一連の様子を現場からの中継録画映像で見たのですが、はるか昔のアメリカ大統領暗殺未遂事件が脳裏に蘇ってきました。1981年3月30日、首都ワシントンDCで、ときのロナルド・レーガン大統領が暗殺されそうになった事件です。

筆者はテレビ局に入社2年目で報道局外信部の若手部員となっており、この暗殺未遂事件報道の一部始終を東京の外信部で経験しました。このとき、犯人の大学生が6発発砲した銃弾の1発がレーガンの心臓をかすめて肺で止まり、レーガンは緊急の手術を受けました。

当時の報道官だったラリー・スピークスは、記者会見で、レーガンが緊急手術の際に、医師たちに「皆さんが全員共和党員だとよいのだが」("I hope you are all Republicans.")とジョークを飛ばしたことを明らかにします。「いかにもレーガンらしい勇敢なエピソードだ」と、アメリカ国内でレーガン大統領の株は大きく上がりました。ちなみに、筆者は後にスピークスに単独インタビューを行い、『スピーキングアウト』という彼の著書に記念のサインをもらいました。

ですが、それから実に43年もの間、大統領職を守ってきたシークレットサービスの鉄壁の警護が、今回、破られたのです。

今回も犯人は大学生、20歳の青年でした。犯人はトランプの演説台から130メートル離れた建物の屋根からライフル銃で8発発砲し、うち1発がトランプの右耳の上部を貫通します。流れ弾にあたって、観客席にいた男性1人が死亡、2人が重傷を負いました。犯人もその場で射殺されています。

いまも犯行動機が不明なほか、現場の警備態勢、連絡態勢に不備があったことが分かっており、大きな衝撃が続いています。

トランプは、暗殺未遂事件の現場の混乱の中で、自分は大丈夫だという思いを込めて右手で拳《こぶし》をつくって空中に突き上げて3回叫びました。「戦え、戦え、戦え」。会場の共和党員たちも「USA！ USA！ USA！」と叫んでこれに応えました。

その場の人々が何を求めているのか察知して身体が動く、トランプの持つ本能的ともいえる特徴が最も強く出た瞬間でした。彼がどんな人間か、とてもよく分かった気がしました。

暗殺未遂前のトランプを悩ませていた5つのトラブル

アメリカでは、9月の第1月曜日を日本のメーデーにあたる「レイバーデー（労働者の日）」と定め、夏が終わりゆくのを噛み締める祝日としています。

アメリカ大統領選挙では、このレイバーデー明け、今年でいえば9月3日から11月5日の投開票日までを、本選挙のラストスパートの期間と考えています。本書の発売日の時点では、残り40日を切っています。

1月15日のアイオワ州の党員集会での予備選挙のスタートからトランプの暗殺未遂事件、討論会でのまさかのバイデン大統領の大失態、それに続くバイデン大統領の大統領選挙からの撤退、カマラ・ハリス候補への変更など、今回の大統領選は波乱に次ぐ波乱で、私が取材してきた過去40年余でも、例のない展開となりました。

そこで、第四章と続く第五章では、レイバーデー前の両陣営の動きを見ながら、特にトランプ陣営のあれこれについて理解を深めてほしいと考えています。

冒頭で述べた暗殺未遂事件は、そこへ至る2カ月ほどの間にトランプに起きた、6つ目の良くない出来事でした。

その前に起きていた5つのトラブルをご説明しましょう。

まずは、ロシアの軍事侵攻を受け、民間人だけでも2万人余が殺害されている東欧のウクライナの国民へ多額の援助を支出する問題です。

ウクライナへの多額の軍事支援に反対するトランプは、まだ共和党の大統領候補ではなかったのに、アメリカ議会のオルバン主義の議員たちに「支援絶対反対」の声を上げさせ、バイデン政権を揺さぶりました。

ところが、バイデン大統領やCIAのウィリアム・バーンズ長官は、下院共和党の中心人物であるマイク・ジョンソン下院議長と極秘裏に会談して説得工作を図り、結果、ウクライナへの軍事支援を「融資（金を返してもらうことに重点を置いている）」という形にして、それをまるでトランプが考えたかのように、トランプの了解まで取って発表しました。

トランプが了解したことで、ウクライナ追加支援法は成立します。しかし、実はこの

〝融資〟には、トランプが今回の選挙に勝利しなければ返さなくてもいい、すなわち「債務の帳消し」という巧妙な仕掛けが文書に組み込まれています。

皆がダンマリを決め込んでいるので、トランプは気づいていませんが、トランプは半分コケにされた格好となっているわけです。

もしトランプが勝てば、ウクライナに返済の義務が生じ、それだけでなく、トランプはロシアのプーチン大統領の顔色を見てウクライナ国民を見放すでしょう。そのような危険を避けるためには、なんとしてもトランプ再選を阻止しなければならない、ということになります。

2つ目はニッキー・ヘイリー元国連大使をめぐる事件です。共和党大統領候補に名乗り出たヘイリーは、オルバン主義者ではない共和党員の間ではトランプよりも支持が高く、予備選挙を通じてトランプの不人気ぶりを測るリトマス試験紙の役割を担いました。

ヘイリーの処遇をめぐって、トランプが副大統領候補に考えているとの噂が、陣営内の誰かによって無断で流されました。彼女は予備選では終始トランプの再登板について「11月に大惨事になる」(“It spells disaster in November.”)と批判してきた人物だけに、トランプは怒り心頭で、「そんなことは考えていない」という否定のコメントをSNS（トゥルース・ソーシャル）に投稿せざるを得ませんでした。

ヘイリーは、トランプが候補に指名された後は「トランプを支持する」「トランプに票を投じる」と発言を変えましたが、応援演説をするのかといった問いには、一切答えていません。「トランプ政権の閣僚になる気はない」とも述べて、絶妙な距離感をとっています。トランプ陣営は、ヘイリーが土壇場で「裏切り御免！」とトランプを見捨てないかを恐れていると思います。

3つ目は身内からの反乱です。トランプは息子のバロン・トランプを共和党大会の代議員に任命することで、自分の後継者としてお披露目するアイデアを考えつきました。しかしそれを知った妻のメラニア夫人が「息子は先約があるのでその会には出られません」と発表、トランプのアイデアは、力まかせに押し潰されたのでした。

メラニア夫人は7月の共和党大会には出ましたが、その後の一切のイベントはパスしています。民主党のカマラ・ハリス大統領候補の同い年の夫で、当選すれば「ファースト・ジェントルマン」となるダグラス・エムホフが、弁護士職を休んで妻につきっきりでサポートしている様子とは対照的で、トランプ家の冷え冷えとした内情をうかがわせています。

4つ目に、トランプは、5月半ばにテキサス州ダラスで開催された全米ライフル協会の年次総会での演説中に、突然、話の途中で言葉が出なくなり、そのまま苦虫を嚙み潰したような顔をして、35秒間も沈黙する〝事件〟を引き起こしました。

協会の支持を受けた後、銃の所有者に向けて演説し、「バイデン政権があなたの銃を奪いに来る」と恐怖を煽ったのですが、その最中にいきなりフリーズして言葉が出なくなったのです。

バイデン支持者たちはXで「トランプは今夜の集会で機能不全におちいった」との投稿を拡散させました。

これに対してトランプは、自分のSNSであるトゥルース・ソーシャルで35秒の「沈黙」は彼のスピーチによくあることであり（これは事実に反します）、バイデン陣営は「フェイクストーリー」を流していると反論しました。

「彼らがこの偽情報を思いついたのは、バイデンが常にフリーズし、文章をまとめることができず、助けなしにステージから降りる方法を見つけることはめったにないからだ」と、トランプは怒って投稿しています。「ドナルド・トランプはフリーズしない！」と「！」マークつきで憤慨を表していますが、そのことがかえって、78歳という年齢への健康不安を感じさせるものになっているように思われました。

トランプ選対2トップの巧みな戦略

ここで、2024年トランプ選挙陣営の選挙参謀トップの2人をご紹介しておきたいと思います。

2024年の選挙には、スティーブン・バノンもルドルフ・ジュリアーニもいません。2021年1月6日にトランプ支持者たちが起こした議会襲撃事件の関連で、首謀者として収監されたり（ジュリアーニは即日、保釈されましたが）、裁判にかかりきりになったりしているためです。

このため、選対トップに選ばれ「Aチーム」を組んだのは、スージー・ワイルズとクリス・ラシビータという共和党の選挙運動では精鋭中の精鋭で、共和党保守本流で育ってきた2人となりました。

このうちフロリダ出身のワイルズは67歳で、人生の40年以上を共和党のために働いてきました。1980年のロナルド・レーガンの選挙運動が最初の担当で、当時23歳だったワイルズは、スケジュール担当の副補佐官を務めたそうです(筆者がこの年フジテレビに入社し、ADとして選挙特番『アメリカは燃えているか』で初めて大統領選挙に関わったことは、序章で書きました)。

レーガンが選挙に勝ったため、ワイルズは政権の初年度もスケジュール担当の補佐官を引き続き務めたそうです。

2016年と2020年には、フロリダ州をトランプ勝利に導いた立役者となりました。今回の2024年では、予算や雇用関連、遊説、大型イベントを総指揮するなど、キャンペーンのすべてに関わっています。特に、トランプのメッセージが国民の特定の層に届いているかをチェックするのが重要な仕事だといわれています。

もう一人、ペンシルベニア州出身の元海兵隊員、クリス・ラシビータは58歳です。1991年に、湾岸戦争での負傷に対してパープルハート勲章を受章、その後は政治コン

トランプ（手前・後ろ向き）と作戦会議をする選挙参謀のスージー・ワイルズ（中央）とクリス・ラシビータ（左）（トランプ陣営のX投稿より）

サルタントとして共和党サイドを渡り歩き、戦略担当として力をつけていきます。トランプ陣営には2022年末に雇用されました。

2004年のブッシュ対ケリーの大統領選では、ラシビータが率いる「真実のためのスイフトボート退役軍人の会」がケリーの軍歴を攻撃してケリー陣営をとことん追い詰め、ブッシュ再選の力になったことが知られています。つまり政治的には、言葉は悪いですが、〝汚い手も使える人物〟だということになります。

ラシビータはロイター通信のインタビューの中で、このAチームについて「我々は信頼ができる人間と戦場に出向きます。指揮系統に混乱はありません。トランプ氏がトップです」と、元軍人らしく発言しています。

筆者は予備選挙が始まるときに、「トランプは支持率も高く別格なので予備選挙の討論会には一切参加しない」という発表を聞き、この「Aチーム」に興味を持ちました。自分は別格だから予備選挙の討論会には出ないというのは、トランプの発言能力が明らかに過去の選挙のときよりも落ちていることを考えると、大変にうまいやり方です。他の候補が予備選挙の討論会で必死に議論を行う間（それも4回も回を重ねています）、トランプは外野から討論に出ている候補者たちを批判し、足を引っ張り続けました。

本来の共和党なら、討論会に参加しない候補に選挙戦から降りるように命令することも可能で、それが筋だという考えもあったはずです。こんな動きも、共和党がオルバン主義者に乗っ取られている表れだろうと、筆者は見ていました。

選挙運動の中核となる「Aチーム」は、通例、彼らのボスに揺るぎない忠誠を誓い、ほとんどの場合、裏方に徹します。

トランプ政権といえば、第1期はスティーブン・バノンやケリーアン・コンウェイのような「私が陰で操っている」と見栄を張る人物たちが目立ちましたが、今回はそのタイプの人物は巧みに遠ざけられていました。

今年前半のトランプ陣営が、予備選挙で想像以上に順調に前進していたのは、この「Aチーム」の力だったと思われます。

予備選のスタートとなるアイオワ州での1月の党員集会で、トランプが得票率51%で勝利したとき、珍しくワイルズとラシビータが揃って舞台の上に姿を見せました。トランプの後ろには、赤いブレザーを着て両手を前で合わせたワイルズが黙ってにこやかに立っており、その後ろにはラシビータの禿頭が突き出ていました。

このとき、トランプは2人の方を見るとこう発言しました。「彼らは何の栄誉もいらない。勝利が欲しいだけで、アメリカを再び偉大にしたいのだ」

かつていたようなおべんちゃら使いやトランプをダシにして権威を振るおうとする人間は、自分の選挙戦には必要ないと宣言しているようでした。

言論の自由の制限、環境保護廃止をうたう「プロジェクト2025」

暗殺未遂事件前のトランプを悩ませた問題が5つあると述べましたが、残りの一つが

「プロジェクト2025」問題です。

「プロジェクト2025」は、保守系の「ヘリテージ財団」とトランプ陣営内外のオルバン主義者たちがまとめた、トランプが大統領に再選された2期目に取るべき行動をまとめた900ページにも及ぶ行動計画です。

「ヘリテージ財団」が主導し、110以上の保守系団体がコラボレーションし、次期共和党政権下でどう活動するかの青写真を作成しました。

内容をかいつまんで解説しましょう。

まず、

・信教・言論・出版の自由、集会・結社の自由を定めた合衆国憲法修正第1条を抑制
・同性愛者の権利を大きく撤回
・気候変動政策と環境保護を廃止
・リプロダクティブケアとヘルスケアをより広く制限

これらを行うための詳細な手法を説明しています。

また、移民政策では、アメリカ国内に入り込んだ不法移民の子どもを強制送還し、季

節農業労働者がビザでアメリカに入ることを可能にしているプログラムを解体するとしています。

さらに、連邦政府の大部分を解体し、大統領の手に、より多くの権力を集中させることもうたっており、このために政策を実行する何千人もの忠実な歩兵を募集し、訓練するとしています。

「プロジェクト2025」の総責任者であり、トランプ政権下の人事管理局の元参謀長だったポール・ダンスは、「私たちの目標は、行政国家を解体するために、初日から仕事ができる訓練され準備された保守派の軍隊を編制することだ」と発言しました。

最も特徴的なのは、大統領がその権限で無党派のキャリア公務員や専門家（つまりはトランプがいうところの「ディープステート（闇の政府）」）を追放し、ホワイトハウスの政治判断で一元的に任命する形に置き換える方法を説明している点です。

また、大統領がＦＢＩ（連邦捜査局）やＦＴＣ（連邦取引委員会）などの独立機関を直接支配し、大統領の敵を処罰するために国家権力を使うことを可能にする考えも書かれています。

「プロジェクト2025」が900ページもあるのに対して、共和党が7月の党大会で採択した党の綱領（プラットホーム）は、16ページの簡易なものです。トランプ選対はそれが正式な文書だとして、「プロジェクト2025」と距離を置く姿勢を何度も見せてきました。

ですが関係者たちは、2期目のトランプ政権を1期目から大きく変容させる「パンドラの箱」をつくることに熱中しました。

そして、「プロジェクト2025」がまとまって気を良くした「ヘリテージ財団」のケビン・ロバーツ会長は、7月2日に右派のラジオ番組に出演します。

そこでプロジェクトについて尋ねられ、「我々は現在、2回目のアメリカ革命の過程にあり、左派がこれを認めれば、流血は避けられるだろう」と大見得を切ったことで、問題に火がつきます。

「プロジェクト2025」との関係を必死に否定

「第二のアメリカ革命」が存在すると述べ、政敵が座してその革命を黙認しなければ流血の惨事になるとほのめかしたロバーツの発言は、オルバン主義を信奉するMAGA勢力には歓迎すべきものだったのでしょうが、無党派層の有権者にとっては、「有事発生か」と思われるような、トンデモなものでした。

「騒動」に鼻が利くトランプも、「Aチーム」の2人も、これは無党派層の獲得の妨げとなると思ったのでしょう。トランプは「プロジェクト2025」の取り組みについては何も知らないと述べ、SNSに以下のように投稿しました。

「誰がその背後にいるのか見当もつかない。私は彼らが言っていることのいくつかには同意もしない。そして彼らが言っていることのいくつかは底が抜けるほど馬鹿げていて、ひどいものだ。彼らが何をしようが、私は彼らの幸運は祈るが、私自身は彼らとは何の関係もない！」

しかし、「プロジェクト2025」の紹介ビデオには、トランプの選挙担当報道官であるカロリン・リービットが出演しており、プロジェクトの総責任者は元トランプ政権の一員だったポール・ダンスでした。

さらに執筆者36人のうち26人は、議会襲撃事件の議会調査に協力せずに数カ月服役したトランプの元側近のピーター・ナバロを始め、第1期トランプ政権の関係者や、現在のトランプ選対と提携関係にある人物です。

民主党側は、「プロジェクト2025」はトランプが再選されたときに権威主義的政府をつくる青写真になる、民主主義の本格的な危機だと、トランプ陣営を攻撃するターゲットとして、批判を始めました。

トランプが「プロジェクト2025」から距離を置こうとしたにもかかわらず、「ヘリテージ財団」の指導者たちは引き続きプロジェクトを推進しようとし、プロジェクト批判への逆批判も始めます。

そこでトランプ選対の最高幹部たちが激怒したことが、「プロジェクト2025」という凶悪な怪物の心臓に杭を打ち込むことになりました。

7月末には総責任者のポール・ダンスが辞任し、「プロジェクト2025」は、政策提言活動を大幅に縮小することになったのです。

また「ヘリテージ財団」は、「プロジェクト2025」の内容がトランプの主張を代弁するものではないことを強調するようプロジェクト参加者に促す、注意喚起の書類を配布しました。

「Aチーム」のスージー・ワイルズは「ヘリテージ財団」に電話をかけ、「プロジェクト2025」の宣伝をやめるよう指示し、クリス・ラシビータは、プロジェクトに関わるのを諦めない人間は第2期トランプ政権から締め出されると説明する声明を発表します。

「『プロジェクト2025』の終焉についての報道は大いに歓迎され、トランプ前大統領とその選挙運動に対する影響力を偽ろうとする人々やグループへの警告となるはずだ。それは諸君にとって良い結果にはならないだろう」

影響力を偽ろうとしている〝諸君〟と非難されている中には、プロジェクトに参加してきた元ホワイトハウスのスピーチライター、スティーブン・ミラーや元ホワイトハウス経済顧問のピーター・ナバロなどトランプの側近中の側近が含まれています。

彼らが、共和党保守本流として育ってきたワイルズとラシビータの出した「禁止令」を実際に守るのかを、疑問視する声もあります。「プロジェクト2025」問題は選挙結果にどんな影響をもたらすか、トランプが今回の選挙に勝利した場合にプロジェクトがうたう政策が息を吹き返してくるのか、大きな緊張をはらんでいます。

トランプをレーガンに変容させようとする

以上で述べてきたように、トランプはわずか2カ月の間に、5つものトラブルに見舞われていました。

そこに、暗殺未遂という衝撃的な事件が起きたのです。

大統領候補の暗殺が成功しかけるというよもやの事態は「Aチーム」には降ってわいた災難であり、この災難をどうチャンスに結びつけるかが喫緊の課題になりました。

このとき「Aチーム」が取ろうとした手は大胆なものでした。

「Aチーム」の一人、スージー・ワイルズが選対トップであることを知ったときに、一つ思ったことがあります。筆者は政権1期目であれだけ暴れたトランプを再選させるためには、トランプの変容が必要であると考えてきました。スージーの経歴を振り返ると、それは筆者のキャリアにも重なるので、トランプを誰に変容させればよいかの答えは一つしかないと考えました。ロナルド・レーガン大統領です。

ロバート・ゼメキス監督の映画『バック・トゥ・ザ・フューチャー』（1985年）には、タイムマシン型のデロリアンを開発したドク（エメット・ブラウン博士）と主人公のマーティ・マクフライの間にこんな会話があることで有名です。

ドク　なら教えてくれ、未来少年。1985年のアメリカ大統領は誰だ？
マーティ　ロナルド・レーガンさ。
ドク　ロナルド・レーガン？　俳優のか？　じゃあ、誰が副大統領なんだ。（喜劇役者の）ジェリー・ルイスか!?

レーガンは、先に触れたように、俳優からカリフォルニア州知事を経て、アメリカ大統領に就任した変わり種だったので、「俳優が大統領なんてあり得ない！」というこのシーンには、公開当時、映画館内が大爆笑となりました。

そのレーガンは一言でいえば、アメリカ国民の多くからいまなお愛されている大統領なのです。

筆者はレーガンが大統領に就任した1981年から2期8年間のうち、1986年9月から1989年1月20日までの2年5カ月ほどをワシントンDCで取材しました。

先に述べたように、筆者がワシントンDCに着任した当初は、レーガンは2期目に入り、「イラン・コントラ事件」でレイムダックになる中で、ホワイトハウスの庭でじっと下を向いて考え込んでいる姿なども見られたのですが、「冷戦」を終わらせるという大仕事に入ってからは、全精力を傾けて、役者としての演技力も使いながら、周りを巻き込んで、大統領としての最後の大舞台に邁進しました。

最後の日、議会で議員によるお別れ演説が行われた後、レーガン夫妻は大統領専用ヘリに乗り込みます。ヘリは、議事堂前に集まったワシントンDC市民や議会関係者、政権関係者たちの上空を、人々の手を振る様子を目に焼きつけるように、大きく2度輪を描いて飛び、カリフォルニアへ帰っていきました。

筆者は取材していて、ハッピーエンドの映画の最後のシーンを見ているようだと思ったのを、いまでもはっきりと覚えています。

スージー・ワイルズとクリス・ラシビータがトランプを、こんなレーガンのように仕立て上げたいと狙ったのは明らかでした。

それが目に見える形になったのが、7月15日から18日までの間に中西部のウィスコンシン州で行われた共和党大会です。

このときは、登壇者の演説内容や温かい会場の雰囲気から、「家族の価値」を前面に押し出した演出ぶりで、ここ2回の党大会とは違っていました。トランプは、温かみを打ち出し、普段より穏やかな表情で会場に姿を見せ、「トランプは確かに変容した」と注目を集めました。

結局トランプはトランプだった共和党大会

初日の7月15日には、副大統領候補に選ばれたJ・D・バンス上院議員のお披露目もありました。

バンスは上院議員としてよりも、『ヒルビリー・エレジー――アメリカの繁栄から取り残された白人たち』という回想録を書いた作家として知られています。オハイオ州出身のバンスは、貧しい白人労働者階級の家族を生き生きとした筆致で描き出しています。

トランプは自薦他薦あまたいる副大統領候補の中からバンスを選びました。共和党の中には反対する意見も少なからず見られました。トランプは、バンスを、「貧しい白人」というMAGAの中核となる層を具現化した人間ということで気に入ったのではないかと思います。しかも、上院議員に上り詰めたということが、抑圧されたMAGAたちの希望の星となるわけです。

しかし、国家レベルの政治の場に不慣れなバンスは、この後、大きな失点をすることになります。その話は次の章で触れたいと思います。

さて、最終日、大統領候補受諾演説のために登壇したトランプは、過去2回の大会とは異質な感じがありました。

演説が始まって20分ぐらいで、「政治があまりにしばしば我々を分断させてしまう時代に、いまこそ、我々は同じ市民であることを思い出すべきときにある。我々は神のもとに一つの国家であり、分断はできず、すべての人に自由と正義があるのです」と述べたとき、会場の感動は最高潮に達しました。

筆者も演説の見事さに舌を巻き、あたかも目の前にレーガン大統領が立っているかのようであり、この冒頭から20分余の箇所でトランプが演説を終わりにしたら、彼の11月の勝利は間違いないだろうと思ったほどです。

トランプが大統領選挙での勝利を手中に収めたかに思われた瞬間でした。

ところが、彼はそこから民主党批判に転じ、普段より抑え気味ではあるものの、用意された演説とは明らかにトーンの違う、批判と非難と愚痴の混じったトランプ節の演説をだらだらと1時間余も続けたのです。

自分らしさを取り戻したいと思ったのでしょうか。全体としてはおおむね好意を持って受け取られましたが、トランプはやはりトランプだったと思わされた演説でもありました。レーガンとは、やはり〝役者が違う〟ということでしょう。「Aチーム」の作戦はうまくいくのだろうかと疑問が残りました。

バイデン「撤退決断」に至る舞台裏

「これはいまだ人間に知られざる次元における物語です。無限に広く、また無限に小さく、光と影の中間にあって、科学と迷信、空想と知識、その間に横たわる世界です。

我々はこの世界をトワイライト・ゾーンと呼びましょう」

これは、アメリカで人気だったカルトSFドラマ『トワイライト・ゾーン』のオープニング・ナレーションです。

7月13日に共和党候補に暗殺未遂事件という驚きと恐怖の事件が発生し、そのわずか8日後の7月21日に、今度は民主党候補が党大会の直前に撤退をする。2024年のアメリカ大統領選挙は、アメリカ国民と国際社会が前代未聞の「トワイライト・ゾーン」に放り込まれたような事態となりました。

ことの発端は、6月27日のバイデン対トランプのテレビ討論会で、バイデンが討論中に言葉に詰まったり、反論ができなかったりする大惨事を起こしたことにあります。

討論の会場に姿を見せる姿がすでに猫背の弱々しい歩き方で、筆者も「何かおかしい」と思ったのですが、おかしいどころか、討論開始直後数十秒ですでにボロボロの状態で、最初は討論に全くついていけませんでした。

原因が高齢からきたものかなど、詳しいことはいまも分かっていません。風邪気味だったとホワイトハウスは言い訳していますが、81歳という最高齢の大統領候補に皆が持っていた不安が、スポットライトを浴びる中で現実のものとなってしまったのです。

この非常事態に舞台裏で動いたのは、バラク・オバマ元大統領とナンシー・ペロシ元下院議長という、民主党重鎮の2人だったと現時点では考えられています。筆者が聞いた話では、特にペロシ元議長が、「政界で最大の友人」とするバイデンの首に「撤退決断」の鈴をつける役割を果たしたそうです。

筆者はこの撤退劇の間、オバマの前任の民主党大統領だったビル・クリントンとヒラリー・クリントン夫妻が、厳しい決断に直面するバイデンに「あなたを支えます」との声明を出して、寄り添う役割を担ったのが皮肉に思えました。

というのも、オバマの副大統領を務めていたバイデンは、本来2016年の選挙で出馬する考えだったのが、ヒラリーが出馬の意思を示したため、オバマに「譲ってあげてほしい」と引導を渡された過去があったからです。

2016年にトランプに勝って大統領になっていれば、いまが2期目の終わりになっていた可能性もあるわけです。そうすれば、レガシー（大統領としての遺産）をもっと明確な形で残すこともできたでしょう。それがわずか1期務めただけで、辞めることになったのです。これがどれだけ苦渋に満ちたことか、お分かりいただけるでしょう。

バイデンの撤退表明後、オバマがカマラ・ハリスへの支持をなかなか口に出さないことがメディアの話題になりました。自分の副大統領（バイデン）を次期大統領に推さなかった男が、どの面さげてその推さなかった男の副大統領が大統領になるのを正面から推せると思うのか、メディアも少し考えれば分かるはずです。

とはいえ、後任選びについて、オバマやペロシの裏の動きは早かったといえます。大統領が機能不全なら副大統領がその跡を継ぐというのが最も抵抗の少ない形だと考えて、声を上げそうな有力知事や民主党議員に「出馬の意思がない」ことを公言させ、他方で、バイデンを説得して副大統領のハリスを後継に指名する雰囲気をつくりました。

こうしてメディアやトランプ陣営の「民主党は大統領選びで混乱するかも」という予想を裏切り、ハリスはバイデンの撤退表明からわずか12日後の8月2日には、電子投票で代議員の過半数を確保して、民主党の大統領候補の指名を確実にしています。

バイデンは優秀な政治家だった

以上が、大統領候補がバイデンからハリスへと替わる民主党の動きの裏側ですが、筆者が一つ付け足しておきたいことがあります。それは、バイデンは優秀な政治家だったということです。

バイデンは1972年、29歳のときに史上最年少で上院議員に選出されます。しかし、その喜びから数週間後に自動車事故で先妻と娘を失い、2人の息子も重傷を負う悲劇に遭いました。

失意のバイデンが、家族と一緒にいるため、36年間の上院議員の任期中ずっと、彼の地元のデラウェア州ウィルミントンから最初は車で、のちに列車で、議会まで通勤を続けた逸話は有名です。

筆者は、バイデンが1987年に初めて大統領選挙に名乗りを上げたときのことを覚えています。バイデンは、選挙列車を仕立てて遊説の旅をする、というアイデアを実行に移します。自分を支持する議員や支持者を前に、列車に取りつけられた出発合図の鐘を鳴らして、嬉しそうに笑ったとき、彼はまだ45歳でした。

結局、彼は予備選挙で敗退し、その直後の1988年には脳動脈瘤が破裂して2度の手術を受けています。今回のバイデンの不調は、高齢による認知症ではなくて、このときの後遺症が出てきたものでは、という見方もあります。

若いときから外交畑を自分の仕事と心得て、人生を議会での日々に費やしてきました。高齢不安がいろいろ取りざたされる前の2023年秋にした演説は、とても骨のあるもので、今回の大統領選の歴史に残る演説だと思います。

筆者の訳で少しご紹介しましょう。

私たちの民主主義が持つ基本的な信念を共有しない過激派運動がある。MAGA運動だ。すべての共和党員が、いや、共和党員の大多数ですら、MAGA過激派のイデオロギーに固執しているわけではない。私はキャリアを通じて共和党員と一緒に仕事をしてきたからそう理解している。

今日の共和党がMAGA過激派によって動かされ、脅迫されていることは間違いない。彼らの極端なアジェンダが実行されれば、私たちが知っているように、アメリカの民主制度を根本的に変えてしまうだろう。

トランプは、憲法は自分に「大統領として望むことをなんでもする権利」を与えたと言う。冗談でもそんなことを言う大統領など聞いたことがない。憲法に導かれているわけでもなく、同胞であるアメリカ人に対する一般的な奉仕や良識に導かれているわけでもなく、彼は復讐心や執念に導かれているのだ。

彼の思い描く見出しはこうだ。「大統領権限を大幅拡大」。彼らの目標は、「連邦政府のあらゆる部分に大統領の権限を拡大することで、権力の均衡を変えること」である。

チェック・アンド・バランスと三権分立という憲法の秩序を破壊した後、彼らは何をするつもりなのか。連邦政府機関の独立性を制限し、大統領の支配下に置くのか。

共和党員の大多数が同じように考えているとは思わないが、沈黙は耳をつんざく。沈黙は耳をつんざくのだ。

アメリカに政治的暴力の居場所はない。私たちは憎しみを糾弾しなければならないのであって、憎しみを助長してはならない。

私は米議会の議場の通路を隔てて、国を隔てて、同じアメリカ人を見ている。死すべき敵のことは無視しよう。私たちが偉大な国であるのは、名誉、良識、尊敬を信じる善良な国民だからだ。

（2023年9月28日、フロリダ州タンパにて）

これだけの演説をしたバイデンでしたが、結局、民主党大統領候補のトーチをカマラ・ハリスに引き継ぐことになりました。その衝撃は、アメリカ国内の共和党、民主党、一般の有権者だけでなく、国際社会にとってもとてつもなく大きなものでした。

それは日曜日の一本の電話で始まりました。

そのとき運命の電話が鳴った

カマラ・ハリス副大統領の運命が大きく変わったのは、2024年7月21日の日曜日のことでした。

ハリスは自宅に泊まった家族らの世話をしていて、皆でパンケーキを食べていました。親族の一人が「おばさん、もっとベーコンをもらえるかな」と聞いたので、「ベーコンをもっと焼いてあげるね」と答え、その後、皆で座って、パズルゲームをしていたところで、運命の電話が鳴ったのです。

電話の向こうはジョー・バイデン大統領でした。バイデンは自らがやろうと決めたことをハリスに話しました。大統領選挙から撤退すると決断したのでした。

何よりも好きだった大統領職を1期4年で辞めるということは、バイデンにとっては苦渋の決断でした。ハリスはバイデンに「本当にいいのですか？」と尋ね、バイデンは躊躇なく「うん」と答えたのです。

ここから先のシナリオは何通りも考えられましたが、多くは混乱の道でした。バイデンのこの日の動きには明確な点が2つあったと思います。それは（1）まず、自分の撤退の話をきちんとする、（2）それとは切り離した形で後任としてハリスを支持すると発言する、ということでした。

実際、バイデンはこの日Xで、ホワイトハウスからの正式な声明文の形で「撤退」を発表します。この中でハリス副大統領に感謝を述べましたが、「後任」の「こ」の字も書かれていませんでした。

その上で、バイデンはあらためてXに投稿し、声明文からは一呼吸置いて、「カマラ・ハリスを後任として全面的に支持する」と明らかにしたのです。これはとても優れたやり方であると感心しました。

バイデンが撤退するとしても、後任は民主党大会で立候補者を募って選出すべきだという「べき論者」の議員や支援者、大口の献金者がいました。しかしバイデンの投稿一つで、流れはこの非常時にハリスを「承認するかしないか」に変わります。

各自の「非常事態の判断力」が問われる形になり、民主党の大物や大口の寄付者、支援者が次々に「バイデンの考えに賛成する」という形でまとまり、３日後には、後任はカマラ・ハリスで決まったのです。党内に反対者はいませんでした。先に裏でオバマ元大統領とペロシ元下院議長が動いたことを書きましたが、危機管理の手際は見事でした。

法廷で犯罪者と対決してきた「蓮の花」

カマラ・ハリスはジャマイカ出身の父とインド出身の母のもと、西部カリフォルニア州オークランドで１９６４年10月20日に生まれました。今年、大統領選のさなかに60歳を迎えます。

ちなみにカマラの名には、サンスクリット語で「蓮《はす》の花」という意味があります。

夫のダグラス・エムホフ（１９６４年10月13日生まれ）は弁護士で、２０１４年に結婚しました。

エムホフには前妻との子供であるコール・エムホフ（30歳）とエラ・エムホフ（25歳）がおり、ハリスは自分の家族として深く彼らを愛しています。彼らの方は、カマラという名前とステップマム（継母）をもじって「ママラ」と呼んでいます。また、妹のマヤ・ハリス（57歳）は法律家で政策アドバイザーも務めています。

ハリスは社会へ出てからの29年間の人生を、法廷を中心とした世界で送ってきました。カリフォルニア州オークランドにあるアラメダ郡地方検事局でキャリアをスタートさせ、順調に法曹界の階段を上がります。

２００４年にはサンフランシスコの地方検事に選任され、約7年間務め、その後カリフォルニア州の司法長官を約6年間務めました。つまり、アメリカの検事として彼女には地域性の強い考え方が身に染み込んでいると思われます。

ハリスは、凶悪犯罪や都市暴力犯罪、あるいは性的暴行や強盗、殺人事件を中心に扱ってきました。「私はトランプのようなタイプをよく知っている」という言葉は、ハリスの〝殺し文句〟になっています。大統領経験者として史上初めて重罪で有罪判決を受けたトランプと、犯罪者と対決してきた元検事である自分をよく対比させた、うまいアピールだと思います。

スタンスを極左から中道に寄せたハリス

視力が低下した老人でなかったのはよいことでしたが、カマラ・ハリスは、スタッフの管理が得意ではなく、プレッシャーに弱く、物事に対して厳しい立場を貫くのが得意というわけでもなく、自分自身を説明するのも、得意ではありません。さらに、バイデン・ハリス政権の一員であるという重荷も背負っています。

最近の物価高のアメリカでは、バイデン政権が、国民にあまり人気がない政権だという点は、小さな弱点ではありません。

2024年の選挙で、民主党側は、ハリスが中心となって取り組んできた人工妊娠中絶問題で、女性の権利を訴えて風を吹かそうとしています。対する共和党側は、トランプの意を汲んで、国境の壁と不法移民の問題、あるいはインフレ対策などで、バイデン政権ごとハリス陣営を火の海にする構えです。

ハリスに対しては、近年の大統領選の報道史上、もっとも好意的といってもいい報道が何週間も続きました。それにより、立場は現政権のメンバーという「現役」であり、国家安全保障に関する大きな実績もない副大統領が、「ハリスは前の候補（バイデン）より年齢が大幅に若い」「ハリスはドナルド・トランプではない」という事実だけで、トランプに伍して戦うことを求められる環境に投げ込まれた、という見方もできないわけではありません。

世界各国の政権選挙で「現役不利」が続く中、共和党はハリスを「現役」と強く定義したい。民主党はトランプ政治の「チェンジエージェント」（変革先導者）として定義したい。このせめぎ合いの中で、ハリスは匿名の側近を通じて、記者たちに、「もう（極左のバーニー・サンダースが提唱する）グリーン・ニューディールを信じていない」「フラッキング（水圧破砕法：シェールガスやシェールオイルの採掘方法。環境汚染など多種の問題点が指摘される）には反対していない」などと、繰り返し伝えてきました。

要は、立場を極左から中道左派に寄せたわけです。この点について記者に問われたハリスは、「気候危機は現実であり、温室効果ガスの排出量の削減に関する特定の基準をいつ達成すべきかという価値観は変わっていない」「国境を守るために何をすべきかという私の価値観も変わっていない」、そして「私の価値観は変わらない」（"My values have not changed."）と述べ、スタンスを中道に寄せたことを弁明しました。これは説得力のあるうまい弁論だったと思います。

そして、大統領選挙の長い歴史の中で初めて起きた今回の民主党側の大統領候補の交代劇に、政治的な方向感覚を失ったのが、ほかならぬドナルド・トランプでした。トランプはハリスの登場に激怒し、ある意味、精神を乱していくのですが、それは次の章で分析します。

第五章　勢いづくハリス、暴走するトランプ

プランBを想定していなかったトランプ陣営

スージー・ワイルズら「Aチーム」が仕掛けた国家の団結を訴える〝トランプのレーガン化作戦〟は、民主党がカマラ・ハリスの船に乗り換える荒技を見せたことでうまくいかなくなりました。規律正しいドナルド・トランプなど、最初から無理な話だったということかもしれません。

トランプ自身が8月に入った集会の中で「もう優しい男はやめだ。君らも戦う男の方がいいだろう」と聴衆に呼びかけたのには驚きました。いったんはレーガン大統領再来の仮面をつけようとした男が、自分には向かないと考えて、愚痴りながら仮面を取ってしまったのです。これは今回の大統領選の一つの転機になるかもしれないと、筆者は思いました。

ちなみに、バイデン大統領が大統領再選の任務を放棄するという決定は、実はトランプの暗殺未遂事件と同じくらいに異常な状況だったと言えるのではないでしょうか。

もちろんトランプの事件は死者まで出た衝撃的な事態だったわけですが、政治的な

「驚き」という観点からすると、バイデンの選挙戦からの撤退をめぐる動きも相当に異常だったと考えられます。何せ、当のバイデン自身を含む民主党陣営も共和党陣営も、ハリスが２０２４年の大統領選挙で勝てる候補とは全く思っていなかったからです。

バイデン対トランプで用意された今回の大統領選挙で、トランプ陣営にも、共和党にも、バイデン以外の人物が候補になることを想定したプランＢは存在していなかったようです。

そんな中、ハリスの大統領候補化は順調に進み、全米レベルや激戦州の世論調査がハリスに優位に展開し始めたのです。

トランプの方は自分でレーガンの仮面を取ると、元のトランプらしく、政策の対立点ではなく、相手候補と相手陣営の悪口やデマ、嘘や罵詈雑言を口にし始めました。そこに、アメリカの大統領となる人が本来持っているべき矜持は存在せず、あるのは、ただただ勝負に勝ちたい一心のように感じられました。

黒人記者団体イベントで黒人差別の大失言

アメリカ大統領選挙はスター記者を輩出することでも知られます。長丁場の選挙戦では、多くのキャスターやリポーター（テレビ記者のことです）、新聞社や通信社の精鋭記者が現場に投入されるので、一際目立つ存在となる人物が出てくるのです。2024年はABCニュースの議会担当キャップのレイチェル・スコット（31歳）が頭一つ抜け出していると思いました。

スコット記者は南カリフォルニア出身でABCのニュース番組担当ディレクターから歩みを始めました。その後記者に転じ、ホワイトハウス担当記者を経て議会担当記者になりました。彼女が議会担当になった最初の週に起きたのが、2021年1月6日の議会襲撃事件でした。

やっちゃ場と呼ばれる混乱の現場からのリポートは記者を鍛えますが、スコットもこの現場で鍛えられたのでしょう。

2024年の大統領選挙では、スコットはABCニュースのトランプ陣営の担当となり、ペンシルベニア州のトランプ暗殺未遂事件の現場にも居合わせました。ABCの収

トランプ前大統領とスコット記者（NABJのサイトより）

録テープには、リポートの準備をしていたスコットが銃撃で慌てて、観客とともに地面にしゃがみ込む様子が写っています。その後は現場からのリポートを一手に引き受けていました。

彼女はトランプが7月31日にシカゴで開催された全米黒人ジャーナリスト協会（NABJ）のイベントに出席した際に、およそ10分間、徹底的に問い詰めてトランプから失言を引き出しました。まずは、その冒頭のやりとりをご紹介します。

スコット　まずは、申し上げにくい質問から入りますが、大統領が（筆者注：アメリカでは前任者でもMr.Presidentと呼ぶ慣習がある）本日この場におられるのは不適切だと考えた人が大勢います。

あなたは、ニッキー・ヘイリーからバラク・オバマ元大統領まで、ライバルの一部について、アメリカ生まれではないという虚偽の主張をなさってきましたが、それらは事実ではありません。

あなたはアメリカの市民である有色人種の女性下院議員4人に対して出身地に帰れと発言しました。あなたは黒人の地方検事について「動物」とか「狂犬病」というような言葉を使いました。あなたは黒人ジャーナリストを攻撃して「敗者」と呼び、彼らの質問について「間抜けで人種差別的だ」と言いました。あなたはマー・ア・ラーゴの別荘で、白人至上主義者と会食をしました。

そこで私の質問ですが、あなたが黒人支援者に投票を呼びかけている現在、そのような言葉を使われたあなたを黒人有権者はなぜ信頼すべきなのでしょうか。

トランプ　第一に、こんなひどい礼儀知らずの質問を第1問目に受けたのは初めてだと思います。あなたは「こんにちは。お元気ですか？」とも言いませんでした。あなたはABCニュースの関係者ですか？　ABCはフェイク・ニュース・ネットワークで、ひどい放送局ですからね。私はここに善意で来たのにひどい扱いだと思います。

このような敵対ムードで始まった質疑で、トランプはどんどん追い詰められていきます。

スコット　あなたは黒人有権者があなたを今後4年間、信頼してくれると信じていますか？

トランプ　私はエイブラハム・リンカーン以来、黒人にとって最高の大統領でした。

スコット　連邦議会の共和党員を含むあなたの支持者の中には、大統領候補として主要政党の公認を受けた初の黒人でアジア系アメリカ人女性であるカマラ・ハリス副大統領を「DEI採用」と呼んでいる人もいます。これはあなたにとって受け入れられる表現ですか。また、共和党員や支持者にそれをやめるよう言うつもりですか。

トランプ　DEIをどのように定義しますか。

スコット　多様性（D：ダイバーシティ）、公平性（E：エクイティ）、包括性（I：インクルージョン）ですか（筆者注：ここでスコットはトランプに対して、あなたはハリスがDEI採用として大統領候補に選ばれただけだと馬鹿にしているのではないかと問いただしているのです）。

トランプ　それがあなたの定義ですか。

スコット　いま定義した通りです。副大統領のカマラ・ハリスが候補者に挙がったのは、彼女が黒人女性だからだとあなたはお考えですか？

トランプ　そうではありません。彼女はずっとインド系で、インド系とだけ宣伝していました。数年前、彼女が黒人になったときまで、彼女が黒人だとは知りませんでした。いま、彼女は黒人として知られたいと望んでいます。彼女はインド系ですか、それとも黒人ですか？

スコット　彼女はずっと黒人女性だと自認しています。

トランプ　彼女はずっとインド系だったのに、突然方向転換して黒人になったから信頼できません。

別の記者　今日のあなたのメッセージは何ですか？

トランプ　私のメッセージは、多くの問題を抱えている人々が私たちの国を侵略するのを阻止することです。国境からやってくる何百万もの人々が黒人の仕事を奪う形になっていると申し上げましょう。

スコット　「黒人の仕事」とは正確には何ですか、大統領?

トランプ　黒人の仕事とは、仕事を持っている人のことです。

やりとりはかなり刈り込みましたが、最後に出てきた黒人の仕事（Black Jobs）は〝黒人向けの仕事〟という強い差別的ニュアンスがある言葉なので、スコットは、白人の仕事と黒人の仕事は違うのか、と真意をただす質問で切り込んだのでした（これに対するトランプの答えは意味がわからないもので、追いつめられて混乱していることがうかがえます）。

「カマラ・ハリスはずっとインド人だったのに、急に黒人に変身した」という発言に対しては、ジャマイカ生まれの黒人の父親とインド系の母親を持つカマラ・ハリスへの「人種差別的」発言だとして、批判の声が広がりました。

黒人記者団体のイベントなのに、トランプの不規則発言があまりにひどいのに頭を抱えたのか、トランプ陣営側の求めにより、トランプは、登壇予定の1時間の半分の30分余で会場を去りました。

副大統領候補バンスも過去の発言が大炎上

NABJのイベントでのトランプの発言は面白おかしく伝えられ、トランプ陣営にとっては、まさに大惨事となりました。

他方、副大統領候補に選ばれたJ・D・バンスも、自らの発言で大きなつまずきを見せていました。

2021年に上院議員に初出馬した際のFOXニュースのインタビューの中で、「子どもがいない（代わりに猫を飼っている）猫好きおばさん（Childless Cat Lady）は、惨めな人生を送っており、自分のそれまでの人生の選択のせいで惨めなのであり、だから（アメリカという）国全体をも惨めにさせたいと考えている」「カマラ・ハリスや（同性愛者でバイデン政権の運輸長官である）ピート・ブティジェッジを見れば、これは基本的事実で、民主党の未来すべてが、子どものいない人々に牛耳られている」と述べていたことへの批判が殺到したのです。

ちなみにバンス自身には子どもが3人います。ハリスは夫のダグ・エムホフと前妻との間の2人の子どもの継母であり、バンスの発言には、エムホフや子どもたちも強く反発しました。

バンスは共和党の副大統領候補になっていきなり批判の嵐に飛び込んだ格好となり、一方的な防戦を強いられました。

SNSメディア時代の現在、過去の発言であっても批判の矢が容赦なく飛んでくるのが、大統領選挙の特徴となりました。

バンスの発言は2021年のものですが、当時の動画が拡散されてリピート再生されると、テキストで読むのとは生々しさが違うため、視聴者は、まるで副大統領候補に選ばれてから発言しているように思ってしまうのです。

バンスにとってさらに不運だったのは、アメリカの人気女優のジェニファー・アニストンが「こんなことをアメリカの副大統領候補が発言しているなんて信じられない」と強く反応したことでした。

アニストンは体外受精で子どもを授かろうと苦労した事実を公表している人物でもあり、彼女の「猫おばさん」発言批判は、バンス発言の炎上に、さらに油を注ぐ役割を果たしました。

これに対してトランプ陣営は、バンスの妻のウーシャ・バンス（38歳）を駆り出します。

インド系エリート弁護士のウーシャは、FOXニュースのインタビューで、「猫好きおばさん」（Childless Cat Lady）という言葉を避けて「3語の熟語」（Three-word Phrases）という言葉を使いながら、夫の発言は親たちが直面する難題や、政府の果たす役割を論じるための材料を提供したもので、発言自体は論点を明確にするための「気の利いた言葉」（Quip）だったと語りましたが、バンス批判の論調を変えるまでには至りませんでした。

このため、副大統領候補に指名されたバンスの第一印象は最悪のものとなります。8月15日時点のある調査では、民主党の副大統領候補ティム・ウォルズが38％の好印象を記録した（否定的な印象は33％）のに対して、バンスは33％の好印象に対して否定的な印象が42％と、今世紀に入ってからの副大統領候補の最低の記録となりました。

トランプの副大統領候補の選択は、トランプ自身に重荷を背負わせるスタートとなってしまいました。

大統領選挙報道に水晶玉を持ち込んではいけない

少し余談になりますが、筆者は、アメリカ大統領選挙の報道に占いの水晶玉を持ち込んではならないと強く思っています。

2004年は、共和党のジョージ・W・ブッシュ大統領と民主党のジョン・ケリー上院議員の対決でした。

筆者は、2003年に続いて、投開票日に合わせて『ニュースJAPAN』を番組ごと1週間、ニューヨークへ持っていきました。投票日には相方の滝川クリステルさんがニューヨークの投票所を早朝から取材して回り、私は放送前にどんどん飛び込んでくる情報を分析し、大統領選挙のダイナミズムを伝えました。

東京に残ったスタッフも含めて、みなが本当に真剣に放送と向き合ったなあと、いまでも懐かしい思いがします。

このとき、投開票日に、別の番組に短い生中継を入れました。すると、ひとくさり情勢を説明した後、東京から突然、「で、松本さん。どちらが勝ちそうですか」という質問をされたのです。

筆者は、いま最新の両陣営の情勢を説明したばかりなのに、と一瞬詰まりましたが、「質問に悪い質問はない」という格言を思い出し、反射的に口から出たのが「あのう、私はいま、水晶玉を持っているわけではありませんので、そこは分かりませんね」という言葉でした。

記者やキャスターが「分からない」と言うのは、なんとなくタブー視されている向きがありますが、筆者は、分からないことは分からないと言うべき、分からないことを恐れて、それをあやふやにすると、情報としての精度が落ちると考えています。

当時も、スタッフには日頃から、安易な予測をしてはいけないといさめてきたので、咄嗟に口から「水晶玉」という単語が出たのだと思います。東京側は「水晶玉ですか……」と白けた雰囲気でしたが、私の方はその前のリポートで説明し足りなかった話を付け加えて、ブッシュが勝つともケリーが勝つとも〝予言〟せずに、中継を終わらせました。

記者は占い師ではないので、どんなに取材を重ねても答えられない問題はあるということをきっちり態度に示すのは何の問題もない、というより、そのようにすべきでしょう。

2016年のトランプの勝利は世論調査の上では選挙のわずか5日ほど前に固まったのであり、それを「自分は何カ月も前からトランプが勝つと思っていた」などと言うのは、記者や専門家の発言とはいえず、「占い師」と呼ぶべきでしょう。

日本のメディアは予想や予測、将来の動きの分析などがとても好きですが、ものには限度があります。100手先を読む囲碁名人と学者・専門家をごちゃ混ぜにしてはならないと思います。

巨大地震がいつ起きるか然《しか》り、台風がどのような進路をたどるか然り、現実の社会では、複雑な事象が入り組んでいます。学者や専門家がすべきは、思考のための新鮮な材料や正確な情報を提供することであって、「こうなる」という見通しを事実のように言いきってしまうのは、不遜であり、無責任だと思います。

ちなみに筆者が学生に情報論を教えるときは、大きな選挙では、報道や学者も含めて、関係者ひとりひとりの発言をしっかりメモしておくことを勧めています。

誰が何を発言したかの記録は記者活動の基本です。そして間違ったことを言った人の発言をその後は信用しないことです。

ただし、間違っている情報にも、存在意義はあります。どこが間違っているのかを分析し、その情報元を洗い出し、選り分けていくことで、手元に残る情報の精度は上がっていきます。それは記者やジャーナリストではない一般の人にもできることですので、ぜひ試してみてください。

なぜ近年の大統領選挙は接戦が増えたのか

大統領選挙報道とは何か、という問いに答えることは、次第に難しくなっています。今も、誰も語らない疑問があります。

なぜ、近年、アメリカ大統領選挙は接戦が増えたのか、ということです。

1980年から2020年までの11回の選挙では「ランドスライド」といって、片方の候補が投開票日に多くの州で勝ち、アメリカの地図が共和党の赤色、あるいは民主党の青色に塗り潰されるような「地滑り的」な勝利を得ることが4回ほどありました。また、選挙人の獲得数で100人以上の差をつけることもありました。なので、日本のテレビでも、当日に特番を用意して、開票の様子をつぶさに伝えるということをしていました。

ところが、次第に接戦状態になることが増え、当日に結果が出ないことが多くなりました。開票まで数日かかる州も現れ始め、そうなるといつまでも「勝利宣言」ができません。それだと、投開票日に特別開票番組をする意味も薄くなってきます。

しかも、最近は、票の「リカウント」（再集計）を求めるケースも増えました。両陣営が弁護士を激戦州に送り込み、開票所の様子を双眼鏡を使って監視し、「票の集計の仕方がおかしい」と申し立てて「リカウント」へ持ち込むケースが増えたのです。

その結果、選挙結果はさらに激戦州の「リカウント」待ちということになり、再集計も1回では済まず、2回、3回と行われることもあり、霧の中でやっと見えてきた結果を、選挙など忘れた頃に発表するということが起きるようになりました。

このような状況だと、投開票日に実況中継をしても緊張感が全くないため、当然ながら視聴者の関心も高まらず、テレビ局では選挙特番を組むこと自体を止めるという判断も増えてきました。2016年のヒラリー対トランプの選挙あたりからは、実況中継の主戦場は、YouTubeなどの動画配信にシフトしています。

なぜ総得票数では勝っても負けるのか

アメリカの大統領選挙のシステムをごく分かりやすく説明すると、争われるのは、人口比で各州ごとに割り当てられた選挙人を、候補者が何人取り込むか、ということです。それもその州の勝者が州に割り当てられた選挙人全員を獲得するケース（これを「勝者総取り」といいます）と、得票数の比例配分で勝った方も負けた方も選挙人を獲得するケースがあります。

選挙人数は全米で538人、2で割ると269人、各州で獲得した選挙人数を積み上げ、270人以上を獲得した方が勝ちということになります。

ここで重要なのは、各州での得票を合計した全米の総得票数では、勝者は決まらないということです。

例えば2016年の選挙では、ヒラリー・クリントンが全米の総得票数では勝ったのに（全米得票率はトランプ46％に対してヒラリー48％でした）、獲得選挙人数ではトランプが勝利（トランプが304人、ヒラリーが227人、両党から計7人が造反して制約違反投票となりました）し、結果、トランプ大統領が誕生するという「ねじれ」が発生しています。

このときは、後になっていろいろ検証した結果、有権者がトランプにぐっと傾いたのは、先述したように、おおむね投開票日の5日くらい前だったということが分かっています。「ヒラリーが勝っている。ひょっとしたら地滑り的な勝利もあるかもしれません」と報じていたアメリカのメディアも日本のメディアも、大恥をかいた格好でした。

つまり、全米規模の事前世論調査は選挙の傾向をつかむ手段にはなりますが、直近の接戦状況の中では、全米規模で勝っているからといって、そのまま勝ちとは限らないということになります。

そこで重要になってくるのが、激戦州における世論調査の動向です。激戦州の選挙人をどちらが取るかで、選挙結果が決まることが増えたので、激戦州の事前世論調査を見ることがますます必要になってきました。

その結果、投開票日（2024年は11月5日火曜日）の10日ぐらい前からは、激戦州の世論調査の数字が飛び交い、それらが少しずつ違うことで、あらゆることが不明瞭で判然としない「むにゃむにゃ」状態に入ることが多くなりました。

いまだに「選挙は盗まれた」と主張し続けるトランプ

アメリカ大統領選挙では、勝者が発表されると、敗者はconcede（渋々事実を認める）して、勝者に電話をし、お祝いを述べるという儀式が行われます。選挙の「むにゃむにゃ」状態を断ち切るために、この儀式の意義は、より大きくなっているように思います。

ところが、2020年の選挙でバイデンに敗れたトランプはconcedeせず、「選挙は（民主党側に）盗まれた」と主張し続けました。

結果に納得しないだけでなく、顧問弁護士（ルドルフ・ジュリアーニ元ニューヨーク市長）や首席補佐官（マーク・メドウズ）と共謀して「犯罪集団」を形成して、ジョージア州など激戦州の選挙結果などをひっくり返そうとしたとして、現在、裁判になっています。

トランプがconcedeしたのは、2021年1月7日、実に投票から約2カ月後のことでした。議事堂に多数のトランプ支持者の暴徒たちが乱入するという、アメリカの憲政史上あり得ない不祥事が起きた翌日です。

トランプは、ホワイトハウスからSNSに投稿したビデオで、「アメリカ議会が（バイデン勝利の）結果を認定した。新政権が発足する」と、「敗北」の語を一度も使わず、また、新政権がバイデン政権だということにも一言も触れず、書かれた文書を読まされているという態度をあらわにしながら、事実上の敗北宣言をしたのでした。

もっともこれは、敗北を認めたというよりも、前日の議会襲撃事件に自分は何の関与もしていないと強調するためのものだったという方が正しいかもしれません。トランプは2024年のいまも、「2020年の大統領選挙は民主党に盗まれた。勝ったのは自分だった」と言い続けています。

テレビ退潮、SNS台頭は選挙をどう変えたか

なぜ、地滑りが起きないかという疑問は、なぜこれだけいろいろ報道されるのに、それも過去にまでさかのぼって不適切発言が炎上するような時代になったのに、世論調査の数字が大きく波を打つように変化をしなくなったのか、という疑問につながります。

その答えを有《あ》り体《てい》に述べれば、有力新聞や有力テレビ局の力が弱まり、とうとうどん詰まりになったということだと思います。

アメリカでFacebookが登場したのは２００４年、Twitterの登場は２００６年でした。そのあと２０１０年代に、ＳＮＳには多様なプラットホームが登場しました。２０２４年の民主・共和両党の党大会の一角はＳＮＳ記者やインフルエンサーが占め、精力的に情報を発信していました。

こうした中で、昔は著名な記者が新聞やテレビで某陣営の情報を書けば、あっという間に広がってそれが世論を動かしましたが、いまや誰も新聞をきちんと読まない、テレ

ビを深く見ないという状況で、テレビにも新聞にも世論を動かすまでの力がなくなってしまったようです。

単独とか独占とかは、かつては新聞・テレビというオールドメディアの売り文句でしたが、いま、SNSやインフルエンサーたちが雲霞《うんか》のように集まって報じる情報は、考えれば、すべてが単独であり独占であると言えます。彼らが伝える情報を「フェイクの可能性がある」と揶揄《やゆ》する時代は、もはや過去のものになりつつあると思います。

筆者がFacebook Messengerで会話した、あるアメリカ人の知人はこう書いてきました。"My point about NY Times is that you and I and people like us read it but most people don't actually or don't read it obsessively as we do. And it's not just the MAGA people but educated people also."（ニューヨーク・タイムズ紙について言えば、あなたや私、あるいは私たちのような人は読んでいるけど、多くの人は本気で、あるいは過剰に読まなくなってしまった。単にMAGAの人々だけでなく、教育のある人々もです）

この知人の指摘は正しいと思います。

２０２４年のアメリカ大統領選挙において、「世論に影響を与える」という観点での「敗者」は有力ネットワークのテレビ局であり、ケーブル・ニュースチャンネルであり、はたまた有力新聞なのだと思います。これはもう不可逆的な傾向でしょう。

SNSほかの新しいプラットホームで新しい風が吹いているのは、筆者自身も強く感じています。

ネット上には、YouTubeやZoomを利用した政治コミュニティが多数誕生しています。筆者はその中のいくつかに参加しています。

Zoomではカリフォルニアとペンシルベニアとドイツにいる民主党員の意見も、シカゴやオハイオやテキサスにいるトランプ主義者の考えも同時に聞くことができます。大統領選挙について、こんなに多種多様なアメリカ国民の声を直接聞いたのは、過去に経験がありません。ネット取材をしたことは、私が今回の選挙の動向を考える上での土台となっています。

もちろん、情報の真偽は常に大事ですが、それを見分ける手法は、これまでプロとして学んできた方法と、基本のところは変わりません。

ちなみに4年前、8年前の選挙では、筆者はもっぱら日本版Hulu がCNNの米国版(国際版もありますが、米国版の方がアメリカでの生放送を見ることができます)を流すのを視聴していました。時間によって、あるいは内容によって、同時通訳がついたりもします。

これなら日本にいながらにして、ワシントン駐在の記者と5割ほどは同じ環境が確保できると思いました(もちろんこれは半分冗談で、現地取材が大事なのは変わりませんが)。

SNSはこれからも全世界で等比級数的な伸びを見せると思います。プラットホーム自体の栄枯盛衰はあるにせよ、第3勢力のSNSは4年後の選挙では第1勢力まで格上げされ、一瞬で世論を動かし、地滑りを起こす力を持つようになっているかもしれません。

ハリス登場の「大惨事」後、トランプ勝利の方程式はあるか

話を戻します。

トランプ陣営は、カマラ・ハリスを突き崩す新たな角度を見出したいと必死になりま

した。

それはそうでしょう。

バイデンに大きな失点がついたテレビ討論会直後の7月頭、トランプ陣営は、11月の選挙で「地滑り的に勝利する」という見通しを立てていました。それが、ハリスの登場で、あっという間に地滑り的な「大惨事」に転じてしまったのです。

トランプ優位の激戦州での世論調査は次々とひっくり返され、いずれもタイ（同率で勝利が読めない）か、場合によってはハリス優位の雰囲気が出てきました。

ハリスを突き崩す材料探しに躍起になっているトランプ陣営に対して、「『勝利の方程式』は、カマラ・ハリスへの批判をやめて、自らの政策を語ることだ」「民主党左派リベラルのハリスの政策がもっと明確になれば、ハリスが共産主義に近い考えを持っていて、独裁につながり危険であるということが国民に分かるはずだ」などと説く、第1期トランプ政権の元側近も出てきました。

その中の一人が、トランプが勝利した2016年選挙の世論調査員を務め、上級顧問になったケリーアン・コンウェイです。彼女も「いま勝利のために大事なのは、カマラ・ハリスの政策を語ることです。それでカマラ・ハリスが左派の危険人物だとわかるはずです。トランプ大統領も何が大事か分かっています」と述べています。

コンウェイは、第1期政権の第1ステージで、就任式に参加した観衆の数をめぐって「トランプは嘘つきだ」と民主党から批判された際に、「世の中にはもう一つの事実(Alternative Facts)がある」と述べた人物です。

トランプとコンウェイ
(2024年8月3日 コンウェイのX投稿より)

そこまでボスを守るのかと、その詭《き》弁《べん》ぶりに逆に感心させられました。ですが、選挙が終われば用済みの扱いになり、重要情報から遠ざけられるようになって、結局、自分から政権を去りました。

そのコンウェイが、２０２４年８月３日、トランプを訪問したことを、写真つきでXに投稿しています。

これは選挙運動の不調を打開するため、

コンウェイを選挙参謀とし、スージー・ワイルズとクリス・ラシビータの「Aチーム」が解散させられる前触れではないかとの憶測を呼びました。しかしコンウェイはトランプ陣営に戻ることを否定し、トランプも「Aチーム」を変える意思のないことを明らかにしています（ただし、トランプ周辺は一寸先は闇なので、最後まで分かりませんが……）。

こうした厳しい状況で、トランプには第一章でも言及した、ペギー・リーの『たったそれだけのこと？』（"Is That All There Is?"）の「ニヒリズム」が強く浮き出てきているようです。

世の中には何も価値がないという、もともと抱えている虚しさの中で、自分のことだけが大切になり、自分に拘泥し、周囲への疑心暗鬼が強くなっているのでしょうか。

陣営からは、トランプがイライラしている、暗殺未遂の事件映像を日に何度も見ている、PTSD（心的外傷後ストレス障害：命の危険に直面した後、1カ月以上経過しても不安や緊張感が高まったり、現実感がなくなったりする状態）にかかっているのではないか、といった声も聞こえてきます。

ただし、筆者は、トランプのレーガン化がうまくいかないのであれば、トランプにとって一番心地よいスタイル、すなわち「トランプがトランプらしくしている」ことが、最も強いカードを切ることなのではと、考えています。

党大会はアメリカの統治システムの縮図

8月19日から22日までの4日間は、イリノイ州シカゴでアメリカ民主党大会が開かれました。

党大会というのは、党の副大統領候補、大統領候補を決め、党の今後4年間の政策である「党綱領」（プラットホームといいます）を発表する一大イベント。簡単にいえば、全党員を巻き込んだ一大お祭り騒ぎです。

筆者は1988年の共和党大会と民主党大会を現場で取材しましたが、この党大会の現場に足を踏み入れずして大統領選挙は語れないと思います。

党大会の現場を経験していることで、中継を見ていても、会場の人間の配置のされ方やカメラのカバーの仕方などが、現場にいるように理解できます。会場で歓声が上がる場所はどこか、それぞれの州の出席者が独自にどう行動しているか、それらが、党大会の大きな流れの中でどういう要素となっているか。そういったことに思いをはせることで、会場を立体的に考えられるのです。

つまり、党大会とは、まるでアメリカという国の統治システムの縮図のようだということが理解できるのです。

党大会では初日に党の綱領が採択され、2日目に党の重鎮たちが会場に集まった人々の心を一つにまとめて戦いに臨む勢いをつけます。3日目には副大統領候補を決めて受諾演説が行われ、4日目に大統領候補を正式に決めて、受諾演説が行われます。この最高潮の盛り上がりの中で「勝つために戦う」と決めた党員たちが、全国へ散っていく。このフォーマットは、私が取材してきた40年間、一切変わっていません。

ハリスとウォルズは「陽気な戦士たち」

2024年の民主党大会も、このフォーマットにのっとったものになりました。

バイデン大統領からトーチを渡されたカマラ・ハリス副大統領が大統領候補に、またミネソタ州のティム・ウォルズ州知事が副大統領候補に選ばれました。

初日には、バイデン大統領が「我が国のために心血を注いできた。国のために最善な措置は自分が身を引くことだ」とスピーチ、感極まって涙を流し、会場は総立ちになりました。これが任期最後の党大会となるバイデンは、潔く身を引く自分とエゴの塊であるトランプとの違いを明確にしたわけです。

2日目には、バイデンが副大統領時代の大統領だったバラク・オバマとミシェル・オバマ夫妻が登場して、会場の参加者の気持ちをバイデンからハリスが切り開くアメリカの未来へと向けさせました。

特にトランプが大統領に当選したと知ったときに泣いたというミシェルは、先述した、トランプの黒人記者団体のイベントでの失言に触れて、「誰かさんに言ってあげた方がよいと思うのだけど、彼がいま欲しがっている仕事は『黒人（向き）の仕事』の一つかもしれないよってね」と述べました。

オバマが就任し、ハリスが就任を勝ち取ろうと戦っている大統領職は、自分たち黒人の方にふさわしい仕事ではないかとトランプを揶揄する、痛烈な一撃でした。

3日目にはウォルズ副大統領候補の、また4日目にはハリス大統領候補の指名受諾演説が行われました。

ハリスは「いろいろな意味でドナルド・トランプは軽薄な男（Unserious Man）ですが、そのトランプをホワイトハウスに戻せば、非常に深刻な結果が待っています。完全にタガが外れたドナルド・トランプを想像してみてください。そしてアメリカ大統領の強大な権限を彼がどう使うか、みなさんの生活を良くするためではなく、この国の安全保障を強化するためでもなく、彼がこれまで尽くしてきた唯一のクライアントのために、つまり自分自身のために使うでしょう」と発言、さらに「プロジェクト2025」に沿った政策は実施させないと強調しました。

また、世界の独裁者政権への対応についても、「私は決して金正恩のような専制君主や独裁者にとり入ったりしません。あの人たちはトランプを応援しているのです。ほめちぎっていい気持ちにさせれば、トランプは簡単に操れると知っているから、トランプは独裁者に責任を取らせないと分かっているのです。というのも彼本人も独裁者になりたがっているからです」と述べました。

国際社会の旗手として、いま最大の問題になろうとしている独裁者の跋扈《ばっこ》する世界が出来上がりつつあることを決して認めないとの考えを強調したわけです。

人々はハリスとウォルズに「陽気な戦士たち」(Happy Warriors) というニックネームをつけました。これは、ディストピアの王と僕《しもべ》ともいえるトランプとJ・D・バンスを意識して、明るい未来を目指して戦うという前向きなメッセージを込めたものです。

世論調査はあてにならない

民主党大会は、カマラ・ハリスにとっては大成功に終わったといえます。とはいえ、ハリスの8月の快進撃が民主党の勝利を確実なものにしていると考えるのは単純すぎる幻想です。

筆者がそう考えるのは、2016年と2020年の混乱があるからです。どちらの選挙でも、両党の予想は驚くほど大きく外れていました。

トランプが大統領選挙で初当選した運命の2016年、ヒラリー・クリントンが敗者になったのは、9月の数週間の油断と体調不良がすべての足を引っ張ったからです。

民主党陣営は「堅実に勝っている」と予想していましたが、その根拠は世論調査しかなく、しかもそれが、先述したように、投開票のわずか5日ほど前にひっくり返るという事態になりました。

現場の激戦州では、何か手応えが変だという声が少し前から上がっていたといいます。しかし「勝っている」と思い込んでいたため、誰も気にしなかったのです。そして気がついたときには後の祭り、というお粗末な展開となりました。

民主党は世論調査などといういい加減なものに頼らずに、勝利を勝ち取るために戦って、戦って、戦わないといけない。それはトランプも全く同じ条件です。

そもそも、世論調査を番組やコーナーの中心に据えて、どちらが勝つかを想像で展開する、安直なテレビニュース番組やワイドショーが多すぎると筆者は思います。

客観的なデータの集積ではありますが、サンプル数が少ないとか、電話では答えたがらない人や嘘をつく人が出るといったことは、常に問題になっており、それをスクリーニングする手立てはありません。

極論すれば、トレンドは見えたとしても、その信憑性は低く、両党にとってのお守り袋のようなものにすぎません。

これだけで番組を組み立てるのは不誠実であり、世論調査が正しいことを前提とした議論は、メディア人としての矜持があるならやめるべきではないでしょうか。

激戦州の中でも最も注目すべきはペンシルベニア

アメリカの世論調査に頼るなと書きましたが、それには明確な理由がもう一つあります。

それは、新型コロナの大流行によって、アメリカではここ数年、ある州から別の州に移動する人口が急激に増えたということです。そこからは、民主党支持者、共和党支持者が、これまでの地域から移動している傾向がはっきりと分かります。

どの調査会社にも、「この州のこの場所は民主党が強い」「この村は共和党員の多い村だ」という過去のデータが蓄積されていますが、今回は、データをゼロから取り直す必要があり、これまでのデータはあまり役に立たない可能性があるのです。

したがって、どの調査会社の信憑性も横一列で、どこが信頼できる会社かは「言い切れない」という状況です。

そうした中でも、参考になりそうな指標はあります。

2024年は9月前半の時点で、カマラ・ハリスが選挙人270人を確保するには、ラストベルト（Rust Belt）と呼ばれるアメリカ北東部から中西部の、かつての製造業の中心地にある5州——ペンシルベニア、オハイオ、ミシガンという五大湖周辺の3州と、ウィスコンシン、インディアナの2州——を確保することがポイントになると見られています。

この中で大事なのはペンシルベニアです。

ペンシルベニア州は激戦州の中で最も高齢者が多く、また男女格差、教育格差も大きい州です。さらにアフリカ系アメリカ人の投票率の動向がこれまでずっと不透明だったという点も、分析を難しくしている要素です。

この小難しいペンシルベニアで勝利を得る秘訣は、女性票を獲得することであり、女性の熱意を引き出さなければなりません。ペンシルベニアこそ、ハリスにとってラストベルトの中で最も攻略の難しい州であり、この州の動向は世論調査の数字を見る際のポイントといえるでしょう。

「バインダー手法」でトランプの暴言を抑え込めるか

トランプ前大統領は、民主党大会の裏側で、4日間にわたり激戦州に乗り込んで、毎日テーマ別のイベントを行いました。

アメリカの大統領選挙には暗黙の礼儀があって、相手候補が党大会を行っているときは、敬意を払って、なるべく静かに選挙運動を行う（あるいはその期間は運動をしない）ということが、一種の伝統になっています。

しかしトランプはこの伝統を無視し、民主党大会の裏での活動は、過去40年間の対立候補で最も大規模な動きとなりました。

テーマは犯罪問題、移民政策、安全保障問題と日替わりで、ただ怒鳴っているだけではないトランプを再演出しようとしていました。

ここで選挙参謀のワイルズとラシビータは、新たな手を繰り出しています。トランプに演説内容を書いたバインダーを小脇に抱えて持たせ、プロンプターを使わずに、それを読みながらカマラ・ハリスの政策を紹介し、その左派ぶりを批判するという手法に変化させたのです。この手法は想像以上に、トランプに地に足をつけさせる効果をもたらしました。バインダー一つでトランプの暴言を抑え込むのはうまい手法だと思います。問題は、トランプがこの手法にいつまで忍耐できるかでしょう。

伝統を無視して4日間、精力的に選挙運動を展開したにもかかわらず、民主党大会でハリスにあたったスポットライトを奪い取ることはできず、トランプの発言はほとんど注目されませんでした。

これは、常に新聞紙面やテレビ画面を乗っ取り、大見出しを奪い続けてきたトランプにとっては、極めて異例の事態です。そのため、党大会直後には、トランプの神通力は下がる傾向にあるという見方が出てきました。

「オクトーバー・サプライズ」の要因はこれだ!

ただ、多くの人が分かっていることがあります。すなわち、今回は激戦州などの状況を一変させる要素がたくさんあるということです。

アメリカ大統領選挙では、そうした動きを「オクトーバー・サプライズ＝10月の驚き」と呼んでいます。10月に何かが起こることで、選挙戦の流れが大きく変化し、勝敗の行方に影響することがあるからです。

例えば、トランプとハリスの直接討論会がどうなるかは、事態を大きく動かす可能性があります。10月初めの副大統領候補同士の討論会もそうです。

世界ではいま、大きな戦争が2カ所で起きています。ウクライナへのロシアの軍事侵攻と中東情勢は、オクトーバー・サプライズの要因になります。

どちらかの候補の健康不安、または副大統領候補の健康不安、国際的なテロの発生、その他、読者のみなさんが想像もしていない事態がオクトーバー・サプライズになる可能性もあります。

そしてもう一つ、注目すべき動きが、第1期トランプ政権の元補佐官たちからの「再選させてはならない」との声の高まりです。オルバン主義ではない共和党保守本流の人々の思いの高まりや運動も、オクトーバー・サプライズの要因になると思います。

こうした動きの背景を最終章の第六章で詳しく見ていきたいと思います。

第六章　2025年からの世界と日本

トランプ政権第1期の高官たちが2期目阻止に動き出した

ここまで述べてきたことからお分かりのように、ドナルド・トランプ前大統領の第1期政権は、優秀な共和党の補佐官が、トランプのパワハラや精神的な混迷の中で、アメリカという国家のために、必死になって「成果」を得ようと頑張った結果成立したものでした。

トランプは最高司令官には向いていない存在だったのです。

歴史に「もし」という2文字は禁じ手ですが、もし、2020年にトランプがバイデン大統領に勝って2期目がそのまま成立していたら、どうなっていたでしょう。いま現在「国を転覆しようとした罪」で裁判の場に引き立てられている首席補佐官や顧問弁護士が中心となり、トランプの「権力」と「金」の恩恵に浴することだけを狙うような政治が行われていた懸念があったと思います。

日本のメディアや学者の中には、トランプは偉大な大統領だった、正常な指導者としてその判断は役に立ったと彼を評価する人もいますが、残念ながら不勉強を猛省すべきだと思います。「もうひとつの事実」(Alternative Facts) など存在しないのです。

日本としては、これまでにも増して、国益のために何が必要なのかを考え、極東アジアならびに国際社会の一員として、責任ある発言をすることが求められています。日本にとっては大統領はトランプの方がいいと考え、トランプにとって耳が痛いことは一切言わず、太鼓持ち外交を続ける気になっているなら、日本の近未来には不幸しか待っていません。

トランプ本人に問題があるとしても、トランプの周辺や関係団体が常識ある政策を考えているからといってトランプ陣営を推すのは、イリュージョン (幻覚、錯覚) でしかありません (そもそも「プロジェクト2025」がまともな政策といえるのかにも、議論があると思いますが)。

1期目はそれでも、共和党きっての有能な補佐官たちがなんとか政策を進めました。そしていま、その第1期トランプ政権から離脱した有能な補佐官たちが、「トランプに2期目を与えることはやめるべし」と口を揃えているのです。

トランプ選挙陣営は4月1日に声明で、「トランプ大統領の政権で高官を務めた人の大多数は、彼の立候補を圧倒的に支持している」と宣言しましたが、この情報はフェイク（虚偽）です。

大多数なのは、11月にトランプに投票するつもりはないと述べ、トランプへの批判をさらに強め、代わりに民主党に投票することにもオープンであると述べている人たちなのです。

トランプ2期目回避を主張する、第1期政権の補佐官たちを何人かご紹介したいと思います。

ペンス元副大統領の〝良心的トランプ拒否〟

「ドナルド・トランプは、私たちが4年間統治した日々で、保守的な議題と矛盾する議題を追求していることが明白であり、それが、私がこの選挙戦で、良心に従ってドナルド・トランプを支持することができない理由です」

マイク・ペンス元副大統領は2024年3月にFOXニュースに対して、2024年の選挙でトランプを支持しないという、いわば〝良心的トランプ拒否の思想〟を語っています。

本来なら、過去の政権の副大統領は、大統領に返り咲こうとしている人物の1期目の仕事を讃え、限りない忠誠を誓います。ペンスは、過去の伝統をバッサリと断ち切っています。

トランプ政権のナンバー2としてかなり従順な立場を取り続けたペンスにとって決定的だったのは、2021年1月6日の議会襲撃事件でした。

ペンスはトランプの意思に従って「選挙結果をバイデン陣営に盗まれた」と主張することを拒み、トランプ支持の暴徒たちに「ハング・マイク・ペンス（ペンスを縄に吊るして縛り首にしろ）」と唱和されたのです。その衝撃はいかばかりのものだったでしょうか。

この日以来、ペンスはトランプと袂を分かち、いまに至っているのです。

マイク・ペンス

「ロシアのNATOへの軍事侵攻を応援する」?

3年目に突入したウクライナ戦争に関連して、トランプ前大統領は「ロシアのNATOへの軍事侵攻を応援する」と取られかねない発言をしています。この発言ほど、「トランプ政治とはそもそも、何なのか」という疑問を象徴するものはないでしょう。

問題の発言は、2024年2月にサウスカロライナ州で開催された選挙集会でのものです。

このときトランプは、第1期政権中にNATOの事務総長に対して、NATOの分担金を加盟各国が支払わなければ、「俺はお前らを守らない。それどころか、ロシアにやりたい放題の地獄の沙汰を好きにやるよう、奴らを焚きつけるだろう」と発言したと自慢したのです。

この発言は、NATO憲章の第5条「同盟国が攻撃された際にはNATO加盟国は一致団結して敵と戦う」に反するものですが、それ以前の問題として、自由社会の指導者に返り咲こうという人間が自慢話として口にすべき言葉ではありません。

これについて、第1期政権で国家安全保障問題担当大統領補佐官を務めたジョン・ボルトンが、トランプは「こういった会話をでっち上げる人間だ」とワシントン・ポスト紙に語っています。

ボルトンは同時に、「たとえその会話がつくり話であっても、トランプはつくり話を信じていると考えるべきだ(注3)」として、トランプが再選した場合、NATOから脱退しようとする可能性が高いとも警告しました。

ロシアのウクライナへの軍事侵攻をめぐるトランプの発言と、2012年に当時共和党の大統領候補で、共和党保守本流の代表的人物だったミット・ロムニーがロシアについて語った、「間違いなく、地政学的な最大の敵だ」という発言との間には、天と地ほどの開きがあります。

この発言に対して、当時、アメリカ民主党は、アルカイダと中国が台頭する世界において、ロムニーは愚かであると非難しました。バラク・オバマ大統領は、「すでに冷戦は20年前に終わったのだから、1980年代型の思考は馬鹿げており、いまは外交政策を取り返すときだ」と、ロムニーをたしなめています。外交にもう一つ弱かった、オバマらしい発言でした。

ところが、どうでしょう。ロシアによるクリミア併合、2016年の大統領選挙への介入、さらに2022年のウクライナへの軍事侵攻は、プーチン大統領が「いまそこにある脅威」であることを明らかにし、ロムニーの正当性を証明しました。

国際社会がいま重大な岐路に立たされていることは誰の目にも明らかです。しかし肝心の「共和党」はレーガン＝ブッシュ＝ロムニーの持つ世界観を放棄し、多くの党員がオルバン主義者となって、トランプに追随しているのです。

トランプが考えているのは個人的な利益を最大化することだけ

ボルトンはトランプ批判の書『ジョン・ボルトン回顧録』を書いたものの、トランプの政治生命を絶つことはできませんでした。

「トランプについての議論を呼ぶと思っていた多くのこと、つまり彼の性格批判は（トランプ信者には）効果がないことが証明された。残っているのは、トランプが大統領にふさわしくないという事実を指摘していくことだけだ。トランプは保守的な哲学を全く持っていない。トランプは自分の個人的な利益には鼻が利くが、それは大統領という職種が必要とする要素ではないのです」と、本を出しても何も変わらなかったと嘆くとともに、アメリカのテレビ番組にゲスト出演してトランプの真実を語って歩いています。

英語で、先が読めない状況にあることをin uncharted waters（水位を測っていない水の中にいる）と表現します。

ボルトンは、いまアメリカは、まさに「未知の領域にいるのだ」（"America is in uncharted waters."）と、選挙戦の行方について警告しています。

また、ボルトンは2023年秋には、イギリスの「デイリー・テレグラフ」紙に寄稿して「ドナルド・トランプが2024年の共和党大統領候補指名を狙うことは、共和党とアメリカ国家の双方にダメージを与えるだろう」とし、次のように述べています。

「トランプにとっては、予備選挙に残ることで指名を獲得し、高騰する訴訟費用を支払うための資金を確保するチャンスが増えるという計算しかないのだ。大統領選挙で勝利すれば、十分にあり得ることだが、係争中の連邦捜査・起訴（ニューヨーク州とジョージア州の刑事訴訟手続きは除く）を大統領として命令して打ち切ったり、すでに有罪判決を受けていれば恩赦を自分に対して与えたりすることができると考えているだろう」

「肝心なのは、その結果がどれほど深い分裂と衰弱をアメリカにもたらし、それがどれほど長期化するかということだ。国際的には、アメリカの敵対勢力はトランプの脆弱性と、国益を個人的利益と結びつけようとする彼の性向を素早く利用するだろう。トランプにとって、司法妨害は生きるための手段であり、すべてをそのプリズムを通して見ているようだ。つまり『これはドナルド・トランプにどのような利益をもたらすのか？』という一点のみが、トランプには大事なのである」

ジョン・ボルトン

「トランプはすでに、政敵に対する報復を政治の基本方針とすることを明らかにしている。彼は最近、『私はあなた方のために起訴されているのだ』と、政治に対する冒瀆とまでは言わないまでも、誤った主張を続けている。以前にも『私は正義です。そして、不当な扱いを受け、裏切られた人々にとって、私はあなたが報われるためにやってきたのです』と宣言してきた。トランプは間違いなく、自分自身を最も〝不当な扱いを受け、裏切られた〟人間だと考えているのだから、彼の意図するところははっきりと明確であり、危険である」

ボルトンの発言は、立場のある人間としてはかなり大胆であり、しかもきちんと的を射ています。

ボルトンが指摘するように「国益」と「トランプ個人の政治的・経済的利益」とが乖離している状態は、第1期政権時代からで、いまに始まったことではありません。いまはその乖離がさらに拡大しつつある状況です。

この点についてボルトンは、「残念なことに、トランプがアメリカの国益など考えていないことは明白であり、それよりも個人的な利益を最大化しようとする機会として大統領選挙や再選を使おうとしている」と述べています。

トランプを最も強く批判するのは元大統領首席補佐官

第1期政権の関係者の中でも、トランプ前大統領を最も強く批判しているのが、退役4つ星軍人でもある、ジョン・F・ケリー元首席補佐官です。ケリーは、元ボスが20

ジョン・F・ケリー

２４年の共和党の予備選挙を支配するのを、絶望が募るような思いで見ていたと述べています。

「トランプのような言動をする男が、この期に及んでまだ良い大統領になると思うアメリカは一体どうなっているのか」「トランプがいまも根強い支持を得ているのは私の理解を超えている（注４）」

トランプは２０１８年11月の第1次世界大戦終結１００周年でパリまで外遊した際、郊外のアメリカ兵戦没者墓地への訪問を中止した理由を、戦没者墓地が「負け犬だらけ」だからだと、発言していました。また、同年に首都ワシントンＤＣで軍事パレードを計画した際、身体の一部を失った傷病退役軍人を「誰も見たくない」と侮辱してパレードに参加させないように指示したとも報じられました。

ケリーは、これらトランプの発言をメディアにリークしていたのは自分だと認めています。

「私はトランプが（第1次世界大戦で）負傷した兵士について言ったひどい発言の内容

を人々に話しました。なのにその話は半日も持たなかったのです。どちらかといえば、トランプのひどい言動でトランプ支持の数字は上がるのです。ひどい言動が針を間違った方向に大きく動かすことさえあります」

ケリーはさらにこう付け加えています。

「我が国はいま、危険極まりないゾーンにあると思います」

元ホワイトハウス報道官は民主党大会に登壇

第1期トランプ政権の女性補佐官たちも、この「再選反対」の大合唱に加わっています。

ホワイトハウスの元報道官でメラニア・トランプの筆頭補佐官でもあったステファニー・グリシャムは、トランプがホワイトハウスの取り戻しに勝利することを恐れていると語っています。グリシャムは共和党員でありながら、8月の民主党大会の2日目に登壇し、次のように演説しました。

「私は単なるトランプ支持者ではありませんでした。私は心からの信者(True Believer)

でした。私はトランプ氏の最も近いアドバイザーの一人でした。トランプ一家は私の家族になりました。イースター、感謝祭、クリスマス、そして新年をすべてマー・ア・ラーゴで過ごしました。

カメラが回っていないときにトランプを見ました。密室では、トランプは支持者をあざ笑っていました。彼は支持者を『地下室の住人』(Basement Dwellers)と呼んでいました。

あるとき、病院を訪れ、集中治療室で人々が死にかけていたのですが、トランプはカメラが自分を撮影していないことに腹を立てていました。彼には共感力がありません。道徳心も真実への忠実さもありません。

彼はいつも私に、『ステファニー、君が何を言うかは重要ではない。たっぷりと同じ話を繰り返せば人々は君を信じる』と言っていました。でも何を言うかは重要です。人が何を言うかは重要で、何を言わないかも重要なのです。

1月6日(の議会襲撃事件の日)、私はメラニア夫人に、平和的な抗議はすべてのアメリカ人の権利だが、無法や暴力に居場所はない、とせめてツイートできないかと尋ねました。彼女は一言『ノー』と答えました。私はその日、辞職した最初の上級職員になりました。もうこれ以上、異常さの中にいるのが耐えられませんでした」

グリシャムはここで会場の民主党員たちからの温かい拍手を集めました。

ちなみに、グリシャムはホワイトハウス報道官であった400日ほどの間、一度も記者会見を開かなかったことで有名でしたが、その理由を初めて公式の場で明らかにしました。

「私が報道官だったとき、ホワイトハウスで会見を開いたことがない点を非難されました。それは、上司（トランプ）と違って、人生で会見室の演壇に立ちたくなかったからです」

ステファニー・グリシャム

グリシャムは笑顔を見せると続けました。

「いま私はここで、演壇の後ろに立って民主党を擁護しています。なぜなら、私は自分の所属する党よりも私の国が好きだからです。カマラ・ハリスは真実を語っています。彼女はアメリカ国民を尊重しています。私は彼女に1票を投じます」

彼女はそう言うと右手を軽く上げて民主党員たちに挨拶しながら、笑顔で演壇を後にしました。

「まともな共和党員」の反乱

ホワイトハウス副報道官だったサラ・マシューズは、共和党の予備選挙でニッキー・ヘイリーを支持しました。マシューズは2024年4月時点で、まだ民主党はバイデンが大統領候補だったときに、選挙日にトランプとバイデンのどちらかを選ぶとしたら、バイデンを支持すると語っていました。

「私たちはバイデン政権の2期目に悪い政策があっても生き残ることができるでしょう」「ですが、民主主義の観点から、トランプの2期目を生き残ることはできないと思います」(注5)

さらに、ペンス前副大統領の報道官や国防総省の報道官を務め、2024年の選挙戦を見るのにこの人物の視点は欠かせない、と筆者が考えているのが、アリッサ・ファラー・グリフィンです。彼女も反トランプの元補佐官です。

　実は、ワシントンＤＣでは、アリッサより彼女の父親の方がはるかに有名です。というのも、父親のジョセフ・ファラーは、オンライン出版の「ワールド・ネット・デイリー」の社主であり、同時にワシントンＤＣでは数々の「政治的デマ・陰謀論」の拡散者として知られているからです。

　政治的デマで、日本でもよく知られているのが「オバマ大統領は外国生まれでアメリカ人ではない」というものです。それを最初にメディアで拡散させたのが、他ならぬジョセフ・ファラーなのです。

　エキセントリックな親の下で育ったアリッサは、大学卒業後、保守派のトークショーホストであるローラ・イングラムの番組でプロデューサーを務めた後、ペンスの報道官に抜擢されました。

　ちなみにアリッサ自身も２０１３年と２０１４年に「ワールド・ネット・デイリー」に寄稿していた

サラ・マシューズ

アリッサ・ファラー・グリフィン

ことがあり、それを読むと、文才があり、視点も悪くなく、親の良い部分を吸収したと思われます。

現在はCNNを含め、いくつかの番組にコメンテーターとして出演している彼女は、首尾一貫して「トランプの再選は民主主義への脅威です。私はトランプという男を決して支持しません」と繰り返し述べています。

彼女はトランプと彼を取り巻くオルバン主義者たちに反対しているのであり、共和党保守本流の考え方に反対しているわけではありません。共和党はどうあるべきかという点まで含めて考えている、「まともな共和党員」です。

国際社会はトランプの言動を「文字通り」に受け取り、非難せよ

トランプが選挙戦の中で暴言を吐くと、共和党のオルバン主義者の議員の中には、第1期政権でホワイトハウスにいた多くの補佐官が使い古した表現でトランプを擁護する

者が多く現れました。すなわち「彼の言うことはすべて真剣に受け止めるべきだが、文字通りに受け止める必要はない」。

言論の国であるアメリカで、前大統領の発言を文字通りに受け止める必要がないというのは、さすがに苦しいものがあります。

ですが、いまやアメリカや日本でも、トランプを支援する人々の弁明の核心にはこの考え方があるように思えます。そうやって、自分の心の内の不安を抑えようとしているのでしょうが。

人の手本になるべき人間が言動に責任を持てなくなったら、終わりです。単に逆らったら怖い、逆らえないという理由で、パワハラ人間、モラハラ人間を放置しておいてはいけないのは、職場だろうが政権中枢だろうが同じです。

困ったことに、日本では「正統な共和党議員、共和党員」と「オルバン主義者」がごっちゃになっています。ウクライナへの支援のところで見たように、トランプの意を汲んで、あるいはトランプを祭り上げて過激な発言をしたりして動くのは、実態としては共和党議員の半数程度なのです。全部が全部そうではありません。

ただし、半分だからといって安心はできません。

「オルバン主義集団」は声も大きくパワハラの言動を撒き散らします。声の大きい人間が偉い、という動きは世界で見られますが、こうした人間を決して認めない社会にならないといけません。

国際社会は、トランプの言動を「真剣に」「文字通り」に受け取り、非難すべきなのです。

トランプはウクライナへの支援を打ち切るのか

国際社会は、今回のアメリカ大統領選挙の進捗状況を息を詰めて見守っています。今回の選挙結果には国際社会そのものの行方もかかっています。

なんといっても、ロシアが軍事侵攻したウクライナがどうなるか、これが最大の問題です。なぜなら、すでに事態は第3次世界大戦の入り口にあると評価できるからです。

ＣＩＡ（中央情報局）のウィリアム・バーンズ局長はバイデン大統領の指示のもと、現在ロシアのプーチン政権への対抗措置に最大限のＣＩＡ資源を振り向けています。

彼は2024年、『Foreign Affairs』誌に論文を掲載し、その中で「プーチンの限界」について、以下のような冷静な分析を行っています（『Foreign Affairs』誌 2024年3月・4月号掲載「スパイ工作と国家工作――競争時代に向けたCIAの変革」）。

「ロシアが2022年2月にウクライナに侵攻した瞬間、ポスト冷戦時代は決定的な終わりを迎えた」と書いたバーンズ局長は、過去20年の大半でロシアと関わってきました。本人流にいうと「プーチン大統領が体現する不満や、野心や、不安の燃えあがりやすい組み合わせを理解するために人生を費やしてきた」ということになります。

バーンズがその中で学んだ一つが、ウクライナに執着するプーチンを「過小評価」するのは常に間違いだということです。すなわち、プーチン自身は、ウクライナを完全に支配しないままでは、ロシアが大国になることも、自らが偉大なロシアの指導者になることも不可能だと考えているといいます。

とはいえ、その悲劇を生み出す残忍な執着によって、「ロシアは世界から恥知らずな存在となっており、膨れ上がった軍事費、腐敗した政治体制に至るまで、その弱点を露呈させている」と分析しています。

バーンズは、「プーチンの戦争」は、ロシアにとってすでに多くの点で失敗に終わっているとし、首都キーウを占領し、ウクライナを征服するというプーチンの当初の目標は、愚かで幻想的であることが証明されていると結論づけています。

こうした中で大事なポイントは、バーンズが「アメリカがこの重要な局面で紛争から手を引き、ウクライナへの支援を打ち切ることは、歴史的な規模の最悪のオウンゴールとなってしまうだろう」として、トランプがトランプ主義（オルバン主義）の共和党議員を巻き込んでプーチンを利する動きをとっているのは、誤りどころか、アメリカという国に対する反逆的行為だと指摘していることです。

トランプ再選の非常事態に備えはじめた各国外交

トランプが再選されたら、和平に向けて正常な外交を行うだろうと指摘する学者もいますが、眉唾物の個人的希望にすぎないと筆者は考えます。

プーチンは「再選祝いだ」といってトランプの和平努力に従うようなふりをして、トランプを有利な立場に立たせるかもしれません。その見返りは何なのか。ウクライナを地図から消し去ることか。あるいは、NATOの集団安全保障体制に亀裂を入れるようトランプに求めるのか。恐ろしい推測がいくつもできます。

現在、アメリカでのトランプ再選に向けて、各国がまさに非常事態に備えはじめています。中でもイギリスは、最近新たに政権を担うことになった労働党が変わった動きを見せています。

労働党の防衛政策レビューをリードする3人のアドバイザーの一人に、フィオナ・ヒルという女性が任命されたのです。

フィオナ・ヒルは世界で3本の指に入るロシア学者です。

ヒルは第1期トランプ政権ではNSC（国家安全保障会議）のヨーロッパ・ロシア担当の上級部長を務めていました。

2019年に行われたアメリカ議会でのトランプ大統領の弾劾公聴会で証言台に立って、「トランプは2016年の大統領選挙にウクライナが干渉していたという『虚偽』を事実として広めることに努めていた」と証言したことで有名です。

フィオナはNSC上級部長としてトランプの執務室によく呼ばれましたが、トランプに顔を覚えられないように毎回着ている服を替えて行ったという思い出を語っています。それくらいトランプを警戒していたようです。

フィオナ・ヒルは現時点で、ロシアは最終的にNATOと激突することになると考えている一人ですが、筆者もこの見方に賛成です。大統領がトランプになるにせよハリスになるにせよ、この点はさらなる警戒が必要と考えています。

どうなる？　外交に疎いトランプ・ハリスの中東政策

もう一点、現在の中東情勢も大きな問題です。

2023年10月7日、イスラム組織「ハマス」がイスラエルを突如越境攻撃し、2000人余が虐殺され、250人が人質に取られてから、実に1年が経ちます。人質のうち100人程度は解放されましたが、3分の1程度は処刑されるなどして殺害・死亡したと見られています。

これを受けてイスラエルによるパレスチナ自治区ガザへの空爆や地上戦での攻撃が続き、子どもの死者約1万5000人を含む4万人以上が殺害されたと見られています。

状況は緊迫しています。ガザでの戦闘が、周辺国のイランやレバノン南部にいるイスラム教シーア派組織ヒズボラなどを巻き込み、中東の火薬庫と呼ばれる地域に、まさにいつ火がついてもおかしくない状況が続いています。

それにしてもなぜ「ハマス」はイスラエルへの攻撃に出たのでしょう。

これは、トランプ前大統領が第1期政権の後半に、イスラエルがUAE（アラブ首長国連邦）とバーレーンとの間でそれぞれ国交を正常化させる内容の「アブラハム合意」を成立させるのに成功したことに端を発しています。

2020年9月に調印された「アブラハム合意」を、トランプは「歴史的偉業だ」と自画自賛し、スーダンやモロッコもイスラエルとの関係正常化に乗り出しました。

トランプ政権の後のバイデン政権もこの合意の支援を引き継ぎます。イスラエル対アラブ世界の緊張の図式が壊れる一方で、「ハマス」は自分たちを支援してきたアラブ諸国に裏切られたという気持ちを抱き、自分たちに再び関心を向けさせるという目的のために、イスラエル市民への越境攻撃に出たと見ることができます。

この問題をどう収めていくのか。バイデン政権はいま、イスラエル市民の人質解放と完全停戦合意に取り組んでいます。カマラ・ハリス、トランプのいずれが勝利を収めても、外交努力で今回の問題を火消しするには、〝ことを荒立てない〟解決策を現地に投下していくことが必要です。また、イランなどの挑発行為を許さない体制づくりも、引き続き大事になってきます。

大統領選挙前の10月に戦争が拡大しても、あるいは、逆に停戦の動きが見えてきても、選挙の行方を左右する「オクトーバー・サプライズ」につながると考えられます。

また、ハリスもトランプも外交にはかなり疎いだけに、優秀な外交チーム、安全保障チームをつくって課題に向き合えるかが、長期的には、大きな焦点になっていくと思います。

トランプ再選で起きる、世界のさらなる「混乱」とは？

トランプが再選されれば、独裁者好きのトランプによって、中国やロシア、イラン、北朝鮮と西側との関係に不安定要素が増すでしょう。

この点は重要なので何度でも指摘しますが、トランプの第1期政権時代に大きな国際紛争が起きなかったのは、ポンペオ国務長官やマティス国防長官、マクマスター補佐官ら、常識を備え、かつ有能な補佐官たちが、毎日が大混乱のトランプ政権の中で少しでも「成果」を挙げようと、懸命に職務を果たしたからです。これをトランプの実績と評価するのは、どうにも難しいと思います。

しかも、トランプはハンガリーのビクトル・オルバン首相の諸政策を羨ましく思い、共和党をそれを真似ようとするオルバン主義者の集団につくり変えてしまったのです。

それを嫌がる本来の共和党・保守派議員たちは、ある者は党を追い出され、ある者は地に潜り、ある者はカルト集団から共和党を取り戻す孤独な戦いを繰り広げています。そのような彼らの動きは、大統領選挙にどんな帰結をもたらすでしょうか。

一つ確実に言えるのは、第2期トランプ政権が誕生したら、そこには、ペンスやポンペオ、ボルトン、マティス、マクマスターなどの常識ある有能な高官はいないということです。トランプに請われても、彼らが返り咲くとは思えません。

その結果、いまは死んだふりをしている「プロジェクト2025」が復活してくることも考えられます。官僚組織が再編される中で、相変わらずパワハラをやめられないトランプの気分次第で、重要閣僚が次々と入れ替わり、場当たり政策に補佐官たちがきりきり舞いさせられる。そんな日々が続く可能性が高いと考えられます。

トランプが再選されたら、次の4年間、アメリカは自国内の混乱を抑え込むだけで手一杯になってしまう不安は拭えません。

国際社会はその脅威をしっかり理解して、備えていく必要があります。

トランプ政権、ハリス政権で日本はどうなる?

国際社会が冷戦後の新秩序づくりを続ける中で、最大の問題は、次の大統領がカマラ・ハリスとドナルド・トランプのどちらになるかで、これから4年間の国際社会の動きが大きく違ってくるということです。このことを本書の最後に指摘しておきたいと思います。そこには、当然、アメリカと日本との関係も含まれます。その点を、安全保障の視点から考えてみましょう。

まず、わかりやすいので、カマラ・ハリス政権のケースから触れます。

第1期トランプ政権が去った後、バイデン政権は民主党の知恵者を集めてアメリカ国務省内の改組を進め、アジア部門を含めて、3年半かけて現在の形をつくりあげました。

アジア部門については、こと対北朝鮮問題への取り組みでは、ここ3年半、何の成果も上がっておらず、筆者の評価は低いのですが、これは相手次第でもある話なので、片側ばかりを責められないでしょう。

アジア部門も含めて、バイデン政権が2期8年間続く前提で組み上げられた組織なので、そのままの形でハリス政権へ引き継がれると考えるのが妥当でしょう。

そうなると、日米同盟が米国の外交政策の礎（A Cornerstone of Our Foreign Policy）であるとの原則も変わらず引き継がれ、日本とアメリカがアジアや国際社会で起こる数々の問題を綿密な協議の上で解決するよう努力していくとの姿勢にも、大きな変化はないと考えます。

ただし、バイデン大統領自身の外交政策の判断には秀でたものがありましたが、ハリスはトランプと変わらない素人同然であり、いまのジェイク・サリバンとアントニー・ブリンケンを超える能力を持った補佐官を側に置く必要があるでしょう。

その上で、極東アジアの安定だけでなく、中東和平やロシアのウクライナへの軍事侵攻問題でも、時間や手間はかかっても、国連やその他の国際機関、NATOなどと緊密な連絡を取り合いながら、西側の民主主義の考え方を広げ、相手をこちらの土俵に引き込むような努力が必要だと思います。それは可能なことでしょう。

これに対して、トランプ政権は、何度も書いてきたように共和党政権とはいえないオルバン主義者が党の過半数を乗っ取った政権であり、トランプの意向がすべてに優先することになります。

第1期トランプ政権での経験則では、「政権はこういう政策だ」とたとえ国家安全保障問題担当大統領補佐官が発言しても、トランプの鶴の一声で、百八十度違う方向へ強引に変化させられるということが起きるのです。それは米朝首脳会談の実例で明らかです。

ですので、先述したように、どんな政策についても、トランプ以外の担当者は「個人的な考えで」発言していると考えるべきなのです。つまりは、日本の首相は、トランプと個人的関係を強化しないと物事が前に進まないということです。

また、トランプ再選で特に問題なのは、これも先述したように、ロシアのプーチン政権の動きです。プーチンは自らの存続や地図からのウクライナの消滅という目標、さらにはNATOとの全面対決、左派権威主義独裁者との連携の強化などの諸事項に、トランプを変数として組み込んでいると考えられます。

新政権発足後から1年後の2026年、極東アジアが、いまと同じ状況で安寧に存続できているかを答えるのは、かなり難しいと思います。

トランプが再選されれば、「プロジェクト2025」は名前を変えてでも復活すると思われ、そのときに、国務省や国防総省、CIAなどの諸組織で、2期目スタート早々から人事的な粛清の嵐が吹き荒れるでしょう。

これにより政策の早期の組み上げが難しくなることで、日本が外敵に心理的・物理的に揺さぶられ、それを撃退する壁の役割をアメリカが果たそうとしないという非常事態にならないとも限りません。

第1期政権のトランプの外交は、ポンペオ長官がうまくトランプの気分に合わせて舵取りをし、一定の成果も生みましたが、トランプの本当の懐刀《ふところがたな》は、実はヘンリー・キッシンジャー博士でした。トランプは、キッシンジャーの発言だけは100%素直に聞いている様子が見られましたし、ホワイトハウスに何度も博士を招き、最後までコンタクトを欠かしませんでした。

キッシンジャーに代わる知恵者がトランプに協力を申し出るとは考えられず、トランプ2期目の外交的な暴走をどう止めるかは、頭の痛い問題になる可能性があります。

ということで、我が国にとって、どちらが大統領になるかで、その後の対応や国の命運に大きな差が生まれます。

政府や関係省庁は、他国の選挙ではありますが、決着がつくまでは、国際社会同様に、息を詰めて投開票の行方を見守ることになりそうです。

あとがき

このあとがきに最後の手を入れているのは日本時間の9月11日昼です。つい先ほど、カマラ・ハリスとドナルド・トランプの注目の大統領討論会が終わったところです。

筆者の見たところでは、元地方検事らしくトランプへの攻めの姿勢が目立ったハリスと、暴走、暴言で過去の討論会の中でも最悪のパフォーマンスを見せたトランプの差が際立っていました。もし、ハリスが均衡を崩せれば、地滑り的勝利もあり得るかも、と考え始めていますが、他方で、そうした傾向が強まるほど、猛り狂ったオルバン主義者（＝MAGA）が投開票日前後に妨害に出る懸念もあります。

皆さんがいま本書を手にしている時点から明確に勝敗が決まるまでは、本文に書いたすべての要素から見て、何が起きてもおかしくない緊張した状況にあると考えています。

ジェイムズ・サーバー「ダムが崩壊した日」より

トランプ前大統領が再選されれば、その瞬間からハチの巣をひっくり返したような騒ぎが始まるでしょう。

筆者はそのことを考えるたびに、クオリティ・マガジン『ニューヨーカー』の漫画家兼作家、『虹をつかむ男』で有名なジェイムズ・サーバーが書いた「ダムが崩壊した日」（"The Day the Dum Broke"）という短編小説の挿し絵を思い浮かべます。

トランプ前大統領が再選された瞬間、全米中でこの絵のようなパニックが起こるでしょう。

ジェイムズ・サーバーはアメリカのヘソであるオハイオ州で生まれました。筆者は、オハイオ州民のものの考え方を知ることは大統領選挙を考えるのに役に立つと、かねがね考えてきました。

そのサーバーの小説に、「世界最大の英雄」("The Greatest Man in the World")という話があります。これは「知性、教養、人格のいずれも水準以下という飛行機乗りが姿を現して、見事な長距離飛行記録を成しとげ、国家的英雄に祭り上げられる」という話なのですが、この飛行機乗りジャック・スマーチにトランプの姿が重なります。

スマーチは乱暴で粗野な態度を全く改めず、与太者ぶりを発揮するばかりなので、当初は彼をなんとか大衆の前に出すべく整えようとしていた合衆国上院議員や州議員、その他が、9階から下を見てニタニタしながら「俺は英雄だ」と叫んでいる彼を、衝動的に窓から押し出してカタをつけてしまうという、やや後味が悪いものの、抱腹絶倒の短編です。

本文で書いたように、トランプ選対の上層部は共和党大会でトランプを第2のレーガンとして売り込もうとしました。

自らの暗殺未遂事件を語り、「自分は生まれ変わった」と国民の団結をうたったトランプはほんの一瞬、レーガン大統領の再来を思わせました。しかしバイデン大統領の選挙戦からの撤退とカマラ・ハリス大統領候補の登場で支持率が変化を始めると、結局はレーガンの仮面をかなぐり捨てて、暴走を再開しつつあり、第2のレーガンでいてほしい参謀たちとの攻防が繰り広げられています。

周囲をどんなに優秀な選挙戦略家や外交専門家で固めようが、トランプはどこまで行ってもトランプなのだと思います。

本書が世に出る10月初め、投開票日まで残り30日余の時点で、トランプ対ハリスの対決がどんな展開になっていくか、それは、本書から得た材料をもとに、ぜひみなさん自身で分析してほしいと思います。

また、本書を手に取ったのが、ハリスかトランプのどちらかが勝った後だという方は、本書を読んで少し安心した気持ちになっていただくか、あるいは、やってくるディストピア世界に備える手引き書として本書を活用してほしいと思います。それが筆者の願いです。

本書ではハリスとトランプのどちらが勝つかという予言などはしていません。その理由は本文で書きました。

本書で書いてきたのは、トランプのような人物が再び大統領の机につこうとしている、その恐怖と絶望と、それを回避しようとする人々がいるというほんの少しの希望です。

バランスの取れた材料を提示しようと努めましたが、トランプだけは再選されてはいけないという主張は、はっきりと盛り込みました。アメリカ国民のトランプ再選の判断は、必ずやアメリカだけでなく国際社会全体を苦しみに陥れると考えているからです。

本来なら、同盟国はこぞって声を上げて、トランプ再選を考え直すようにアメリカ共和党員に訴えるべきなのです。

本文でも登場する、私の尊敬するホワイトハウスの元NSCヨーロッパ・ロシア担当上級部長だったフィオナ・ヒルは「トランプが再選されれば、プーチンの奴隷になるため、国際社会は終わってしまう」とまで、きっぱりと公言しています。

トランプはいまや壊れかかった原子炉のようなものです。年齢が問題なのは、実は現大統領のバイデンではなくて、トランプの方です。トランプがメルトダウンしたら、その影響は一大国の混乱では収まりません。

1期目で墜落しかかったトランプ政権という名の航空機は、優秀な高官たちの汚れ仕事と奮闘によってなんとか軟着陸し、次の政権が飛び立ちました。しかし、再びトランプ政権が飛び立ったら、今度も軟着陸できるという保証はどこにもありません。

アメリカは国内外に難題を抱えています。民主党も決して一枚岩ではなく、カマラ・ハリスの大統領としての力量は未知数で、墜落しないという保証はありません。とはいえ、現状の民主党政権の航空機を飛べるところまで飛ばした方が、まだ対案が出てきやすく、壊滅的な墜落は避けられるのではないかと筆者は考えます。

そのような思いに駆られ、国際社会がサーバーの「ダムが崩壊した日」のようなパニック状態に陥らないことを願って、本書は可能な限り真剣に書きました。あとはアメリカ国民に賢明な判断を望む思いです。

筆者は以前、上智大学で「トランプ・ファクター」というタイトルの市民講座を持ちました。そのとき、「こんなおもしろい裏話があるなら本に書き留められたらよいのに」と言われたことが、執筆の最初の動機になりました。

また、『ニュースJAPAN』のコーナー「インサイド・アメリカ」を続けた経験も役に立ち、当時のスタッフの皆さんには時間を超えて、あらためてお礼を申し上げたいと思います。また、個別に名前は挙げませんが、筆者のアメリカの友人たちにも挨拶を送ります。

出版にあたっては幻冬舎の小木田編集長に一方ならぬお世話とお手数をかけました。ありがとうございます。

最後に、朝、目が覚めるたびに「さあ、今日の1ページを書きなさい」と私を激励し続けてくれた妻と学者の卵として頑張っている息子に、感謝とともに本書を捧げたいと思います。

２０２４年　澄み切った秋空の日に

松本方哉

注

注1―松本寛編集長：上智大学文学部新聞学科卒業。フジテレビのいまの報道の基礎をつくる。初代ワシントン特派員。筆者は、若い頃、ご自宅に招かれて特派員としての心得を教わった。尊敬する上司だった。

注2―山川千秋：ニュースキャスター。ニューヨーク特派員やロンドン特派員を歴任。ワシントン支局長からキャスターへ。筆者は山川さんと入れ替わりでワシントンに赴任した。陽気なジェントルマンだった。亡くなる少し前にご本人からワシントン支局にお電話をいただいたのが最後の会話となった。

注3―Washington Post 2024/4/2 "Here are some of the many former Trump aides who don't want him on the ballot"

注4―同右。

注5―同右。

著者略歴

松本方哉《まつもとまさや》

ジャーナリスト。一九五六年、東京都生まれ。上智大学卒業。
一九八〇年フジテレビに入社。報道局記者として首相官邸や防衛庁担当、
ワシントン特派員などを務める。湾岸戦争、米同時多発テロ、
アフガン戦争、イラク戦争などでは情報デスクを務めた。
二〇〇三年、報道番組「ニュースＪＡＰＡＮ」の
メインキャスター兼編集長に就任。
専門は日米関係、米国政治と米国外交、国際安全保障問題。
妻の介護体験を機に、医療・介護問題にも取り組む。
日本外国特派員協会会員、日本メディア学会会員、白百合女子大学講師。
著書に『突然、妻が倒れたら』（新潮文庫）がある。

幻冬舎新書 743

トランプVS.ハリス
アメリカ大統領選の知られざる内幕

二〇二四年九月三十日 第一刷発行

著者 松本方哉
発行人 見城 徹
編集人 小木田順子
発行所 株式会社 幻冬舎
〒一五一-〇〇五一 東京都渋谷区千駄ヶ谷四-九-七
電話 〇三-五四一一-六二一一(編集)
〇三-五四一一-六二二二(営業)
公式HP https://www.gentosha.co.jp/
ブックデザイン 鈴木成一デザイン室
印刷・製本所 中央精版印刷株式会社

Printed in Japan ISBN978-4-344-98745-6 C0295
ま-15-1

*この本に関するご意見・ご感想は、左記アンケートフォームからお寄せください。
https://www.gentosha.co.jp/e/

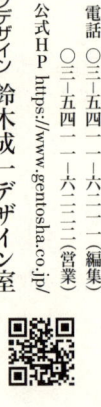